ANNA HUSAR

KÖSTLICHE ALPENKÜCHE

Stocker

Umschlaggestaltung: Werbeagentur Rypka,
8143 Dobl/Graz, www.rypka.at
Titelbild: Antonio Husar
Bildnachweis: Alle Bilder von Antonio Husar/Alpenkoch®

BIBLIOGRAFISCHE INFORMATION DER DEUTSCHEN NATIONALBIBLIOTHEK
Die Deutsche Nationalbibliothek verzeichnet diese Publikation in der Deutschen Nationalbibliografie; detaillierte bibliografische Daten sind im Internet über http://dnb.d-nb.de abrufbar.

HINWEIS
Dieses Buch wurde auf chlorfrei gebleichtem Papier gedruckt. Die zum Schutz vor Verschmutzung verwendete Einschweißfolie ist aus Polyethylen chlor- und schwefelfrei hergestellt. Diese umweltfreundliche Folie verhält sich grundwasserneutral, ist voll recyclingfähig und verbrennt in Müllverbrennungsanlagen völlig ungiftig.

AUF WUNSCH SENDEN WIR IHNEN GERNE KOSTENLOS UNSER VERLAGSVERZEICHNIS ZU:
Leopold Stocker Verlag GmbH
Hofgasse 5/Postfach 438
A-8011 Graz
Tel.: +43 (0)316/82 16 36
Fax: +43 (0)316/83 56 12
E-Mail: stocker-verlag@stocker-verlag.com
www.stocker-verlag.com

ISBN 978-3-7020-1607-4

Layout und Repro: Werbeagentur Rypka,
8143 Dobl/Graz, www.rypka.at
Druck: Finidr, s.r.o., Český Těšín

ANNA HUSAR

KÖSTLICHE ALPENKÜCHE

DIE BESTEN PFANNENGERICHTE AUS SECHS LÄNDERN

LEOPOLD STOCKER VERLAG
GRAZ – STUTTGART

INHALT

6 DANKSAGUNG
7 EINLEITUNG

27

8 DEUTSCHLAND
12 Saibling auf Sauerkraut
14 Bayerische Krautspätzle
16 Auszogne
18 Jägerschnitzel
20 Spargel mit Chratzete
22 Felchenfilets „Reichenauer Art“
24 Nussnudeln mit Zwetschgenröster
26 Krautwickel in Tomatensauce
28 Rehmedaillons in Kirschsauce
30 Striebele

51

32 FRANKREICH
36 Kürbisbeignets – *Beignets de potiron*
38 Huhn im gelben Wein – *Coq au vin jaune*
40 Drachenkopffilets mit Gemüse – *Filets de rascasse à la niçoise*
42 Käsefondue nach Jura-Art – *Fondue jurassienne*
44 Lyoner Matefaim – *Matefaim lyonnais*
46 Miesmuscheln auf provenzalische Art – *Moules à la provençale*
48 Geschmortes Wildschweinfleisch – *Daube de sanglier*
50 Kalbsschnitzel mit Rohschinken und Comté – *Escalope de veau Comtoise*
52 Savoyisches Omelett – *Omelette savoyarde*
54 Crêpe Suzette – *Crêpe Suzette*

81

56 ITALIEN
62 Forelle auf piemontesische Art – *Trota alla piemontese*
64 Tirteln – *Tirtlan*
66 Mailänder Kotelett – *Costoletta alla milanese*
68 Geschmortes Hirschfleisch – *Brasato di cervo*
70 Galani – *Galani*
72 Schnecken mit Kräutern nach Cremona-Art – *Lumache trifoliate alle cremonese*
74 Kürbisgnocchi mit Speck – *Gnocchi di zucca con speck*
76 Bigoli in Sauce – *Bigoli in salsa*
78 Kräuteromelett – *Frittata alle erbe*
80 Buchweizenschmarren – *Schwarzplentener Riebel*

INHALT

99

82 ÖSTERREICH
88 Vanillerostbraten
90 Nidei mit Sauerkraut
92 Gebackene Mäuse
94 Saure Leber mit Erdäpfel-Sellerie-Püree
96 Saiblingsgröstl
98 Fischlaibchen mit Erdäpfelsalat
100 Grenadiermarsch
102 Käsenockerln
104 Riebel mit Apfelmus
106 Böhmische Dalken

121

108 SCHWEIZ
114 Äpfel mit Kartoffeln und Speck – *Schnitz und drunder*
116 Hörnchen mit Schinken – *Schunggebegräbnis*
118 Kalbsröllchen nach Tessiner Art – *Uccelli scappati*
120 Schwalenfilets mit Speck – *Schwale Thurgauer Art*
122 Verbrühte Kugeln – *Verbrüheti Chugele*
124 Barschfilets in Weinteig – *Eglifilet im Wii*
126 Rösti mit Speck und Käse– *Röschti mit Speck und Chäs*
128 Käsebeignets – *Malakoffs*
130 Apfelspätzle – *Öpfelschpätzli*
132 Wildgeschnetzeltes mit Pfifferlingen – *Wildgeschnetzeltes mit Schwömm*

157

134 SLOWENIEN
138 Wurst mit Bratkartoffeln – *Pražen krompir s klobaso*
140 Frittierte Auberginen – *Ocvrt jajčevec*
142 Pohorje-Omelett – *Pohorska omleta*
144 Fuži mit Hasenragout – *Fuži z zajčjim ragujem*
146 Forellen in Buchweizenmehl – *Postrvi v ajdovi moki*
148 Buchweizensterz – *Ajdovi žganci*
150 Slowenische Strauben – *Kvašeni flancati*
152 Zigeunerschnitzel – *Ciganski zrezki*
154 Hecht mit Bohnen – *Ščuka s fižolom*
156 Buchweizen mit Pilzen – *Ajdova kaša z gobami*

DANKSAGUNG

Ich bedanke mich bei meinem Mann Antonio und unserem Sohn Matteo, die mir immer die Kraft und die Zeit gegeben haben, mich meinem Buchprojekt zu widmen. Auch meinen Eltern möchte ich für die stets aufmunternden Worte einen herzlichen Dank sagen.

Für dieses Buchprojekt habe ich die Unterstützung von vielen Unternehmen erhalten. Ich richte meinen Dank somit an

---

Fissler, Riess, de Buyer, Rösle und Le Creuset für die wunderbaren Pfannen, Bräter und Töpfe

---

IB Laursen, Gmundner Keramik und Kahla für das schöne Geschirr

---

Zassenhaus für die praktischen Messer und Mühlen

Boska für die wunderschönen Käsebretter und das Käse-Zubehör

CHG für die ausgezeichneten Backformen und Pfannen

Olympus Deutschland für die bereitgestellte Fotoausrüstung:
Systemkamera OM-D E-M5 Mark II

---

das slowenische Tourismusbüro und insbesondere Jan Ciglenečki, der mich bei meiner Entdeckungsreise in Slowenien unterstützt hat

Vielen Dank an alle –
ich weiß das sehr zu schätzen.

Anna Husar

Herbst 2016

EINLEITUNG

Alpenlandschaften sind traumhaft und bezaubernd, die Seele und Schönheit der Alpen spiegelt sich in ihren Bewohnern. Hier herrschen Tradition, Kultur und einfacher Lebensstil. Seit Generationen weiß man mit der Lebensmittelknappheit umzugehen und aus einfachen und bekömmlichen Zutaten gutes Essen zuzubereiten.

Die Alpen erstrecken sich über acht Länder (mit Liechtenstein und Monaco) und sind das höchste Gebirge Europas. In Österreich, Slowenien und der Schweiz machen die Alpen einen erheblichen Teil der Landesfläche aus, daher werden sie meistens zur Gänze zur Alpenregion gezählt. In den anderen Alpenländern, wo die Gebirgsfläche in Relation zum Staatsgebiet verhältnismäßig klein ist, zählen nur bestimmte Teile zur Alpenregion. In Frankreich sind es die Regionen Franche-Comté, Rhône-Alpes und Provence-Alpes-Côte d'Azur, in Italien Valle d'Aosta, Piemonte, Lombardia, Veneto, Trentino, Alto Adige und Friuli-Venezia Giulia und in Deutschland Baden-Württemberg und Bayern.

Diese Länder und Regionen sind sehr unterschiedlich und haben auf den ersten Blick nicht viel gemeinsam, zumindest was das traditionelle Kochen betrifft. Allerdings konnte sich, bedingt durch ähnliches Klima und einfache Lebensweise sowie zum Teil auch durch vergleichbare Lebensmittel, eine gemeinsame Küchentradition entwickeln. Abhängig von der Lage (Nähe zu Seen oder zum Meer, Stadt oder Land) liest man in den alten Rezepten dennoch feine Unterschiede heraus, die diese wundervolle Küche ausmachen.

Alpenländisches Essen war früher eher eine Art „Arme-Leute-Essen" mit viel Milch, Brot und Käse, das sich am schnellsten in einer Pfanne zubereiten ließ. Die Alpenküche hat sich diese Ursprünglichkeit und Tradition bewahrt, kann jedoch leicht mit einer Prise Modernität verfeinert werden. Eintönig ist diese Küche auf keinen Fall, beinhaltet sie doch alle Geschmacksrichtungen – von den feineren Speisen in den südöstlichen Regionen Frankreichs über italienische Teigwarengerichte und schweizerische und österreichische Fleisch- und Käsespezialitäten bis zu den paradiesischen slowenischen Getreidegerichten. Grundsätzlich tendiert die Alpenküche zu schnell sättigenden Speisen – jedes Land hat viele Fleisch-, Wurst- und Wildgerichte anzubieten. Kartoffeln werden nur dann nicht als Beilage serviert, wenn sie gerade ein Hauptgericht darstellen. Nicht zu vergessen sind frische Fische aus den Bergseen und leichte, sommerliche Gemüsegerichte. Auch Alpenpasta kann entweder in deftiger Form mit viel Butter und Käse gebraten oder gerollt aus Buchweizenmehl oder Maisgrieß in einer zarten Kräutersauce serviert werden.

Wenn man ein sehr bekanntes Schweizer Sprichwort umformuliert, bekommt man das richtige Motto für dieses Buch: Auf alten Pfannen lernt man alpenländisch kochen. Von den süßen Omeletts, Schmarren, Palatschinken und auch Kuchen bis zu salzigem Gröstl, Schnitzeln jeder Art, Frittaten und sonstigen Speisen lässt sich alles (und viel besser!) in der Pfanne zubereiten. Die Alpenküche bietet Speisen für jeden Geschmack und wenn Sie im Besitz einer großen, alten Eisenpfanne sind, können Sie diese kulinarische Reise gleich beginnen!

Blick auf die
Allgäuer Alpen

DEUTSCHLAND

Die deutsche Küche zeichnet sich durch verschiedene regionale Kochstile und kulinarische Köstlichkeiten aus. Im Süden wird diese Küche durch die Alpen geprägt und beeinflusst. Zwei Länder – Baden-Württemberg und Bayern – sind Teil der Alpenregion. Genauer gesagt haben beide Länder einen Anteil an den Allgäuer Alpen, die ohne Zweifel eine der schönsten Gebirgsgruppen darstellen. Sie erstrecken sich von Deutschland bis in die österreichischen Bundesländer Vorarlberg und Tirol.

BADEN-WÜRTTEMBERG

Gutes Essen und Trinken haben in Baden-Württemberg, das im Südwesten Deutschlands liegt, eine sehr lange Tradition. Die Speisen wurden stark durch die Küchen der angrenzenden Staaten beeinflusst – Schweiz und Frankreich. Begünstigt durch ein warmes Klima und die Nähe zu einem der größten Wasserspeicher Europas – dem Bodensee – hat diese Region viel zu bieten. In ganz Deutschland sind badische Weine, Reichenauer Gemüse, Schwarzwälder Schinken und auch Fisch aus dem Bodensee bekannt. Was den Bodensee selbst betrifft, hat er in den letzten Jahren an Wichtigkeit für die heimische Fischerei verloren – der See ist zu sauber und daher wachsen die Fische hier sehr langsam.

Die badische Küche ist sehr hochwertig, in dieser Region findet man viele Lokale, welche Sterne und Auszeichnungen aller Art tragen. Weit über die Grenzen hinaus sind die Badische Schneckensuppe, die Schwarzwälder Kirschtorte und die Maultaschen bekannt. Schwäbische Maultaschen sind rechteckig oder gerollt, die Füllung besteht hauptsächlich aus Fleisch und Gemüse, wie Spinat und Porree. Sie sind im gesamten Schwaben und auch über die Landesgrenzen hinaus bekannt. Genauso verbreitet sind schwäbische Spätzle, die es in verschiedenen Variationen in praktisch allen Alpenländern gibt. In Süddeutschland selbst sind Allgäuer Kasspatzen mit Emmentaler, Bergkäse und Weißlacker und auch Krautspätzle sehr berühmt.

Im Süden der Region, bedingt durch mildes Klima und die Nähe zum Bodensee, wird viel Gemüse angebaut, was sich auch in der südbadischen Küche widerspiegelt. Es gibt wohl kaum jemanden in Süddeutschland, der nicht schon einmal Gemüse von der Insel Reichenau in seinen Kochtopf geschnitten hat. Über 15.000 Tonnen Gemüse werden pro Jahr auf der Insel geerntet. Die Gemüseanbautradition geht auf ein Kloster mit seinem Kräutergarten um 849 n. Chr. zurück. Heute werden hier diverse Salatvariationen, Gurken, Tomaten und vieles mehr angebaut. Auf der am Bodensee liegenden Halbinsel Höri wächst eine weitere

Spezialität der Region: Höri Bülle – eine rote Speisezwiebel mit einem milden Geschmack.

BAYERN

Die bayerische Küche ist im Gegensatz zu der festlichen badischen Küche bodenständig und bäuerlich mit zahlreichen Fleisch- und Bratengerichten. Sie ist jedoch durch Knödel, Teiggerichte und Mehlspeisen eng mit der österreichischen Küche (vor allem der Wiener, Tiroler und Salzburger Küche) verwandt. Knödel und Nudeln waren in Bayern wie auch im gesamten Alpenraum traditionelle Fastenspeisen. Fleisch war viel zu teuer, um es jeden Tag zu essen und wenn doch, dann gab es vor allem Rind- und Schweinefleisch. Anders war die Situation in der Stadt. In München, wo der Fleischkonsum immer sehr hoch war, wurde seit jeher vom Kalbsbraten über Schnitzel aller Art bis zu Schweinshaxen (Eisbein) und Bratwürsten alles gegessen. Die berühmte Münchner Weißwurst ist allerdings erst Mitte des 19. Jahrhunderts erfunden worden.

Die bayerische Küche zeichnet sich auch durch ihren deftigen Käse aus. Bayern ist übrigens das Milch- und Käseland Nummer eins Deutschlands: circa 40 % der Käseerzeugnisse stammen aus dieser Region. Allgäuer Emmentaler Bergkäse und Weißlacker zählen zu den bekanntesten Käsesorten, die auch in Allgäuer Kasspatzen ihre Verwendung finden. Ob sie als bayerisch oder württembergisch zu bezeichen sind, ist die Frage, da der westliche Teil des Allgäus zu Baden-Württemberg gehört.

Aus Bayern stammen viele Alpengerichte, die in der Pfanne zubereitet werden, so zum Beispiel die bereits erwähnten Krautspätzle (s. S. 14), Würste aller Art, gedünstes Kraut als Beilage zum Braten oder auch die berühmten Schupfnudeln (auch Fingernudeln, Kartoffelnudeln oder Wargelnudeln genannt). Sie werden oft als Beilage zu herzhaften Wildgerichten, als eigene Mahlzeit mit Sauerkraut und Salat oder als Nachtisch mit Mohn oder Nüssen (s. S. 24) gebraten und mit Obströster aufgetischt. In der Pfanne wird oft auch Schmalzgebäck zubereitet, wie Kirchweihküchle oder Auszogne (s. S. 16), die es sowohl süß als auch salzig mit Sauerkraut gibt.

SPEZIALITÄTEN

Seit fast 500 Jahren gibt es das Bayerische Reinheitsgebot für Bier. Es ist Ursprung des Deutschen Reinheitsgebots und noch heute gelten strenge Regeln. Bis heute dürfen nur Wasser, Malz, Hopfen und Hefe für das Bierbrauen verwendet werden – das gilt auch für exportiertes Bier. In Bayern ist eine vielfältige Bierlandschaft entstanden. In mehr als 700 Brauereien werden rund 40 Biersorten produziert und somit besitzt Bayern die größte Brauereidichte der Welt. Auch in der Küche findet Bier seine Verwendung, und zwar nicht nur als Getränk, sondern auch als Zutat für viele Fleisch- und Teiggerichte – Biergulasch, Biersuppe, diverse Biersaucen zu Fleisch und Knödeln oder auch Bierbrot sind in Bayern oft anzutreffen.

Baden und Württemberg, die übrigens seit 1952 ein Bundesland sind, haben im Gegensatz zu Bayern eine lange Weintradition. Baden liefert einen hochqualitativen Wein und gehört neben dem Elsass und der Champagne zur Weinbauzone B. In Baden produziert man fruchtige Weißweine und stoffige Rotweine und über 50 % der Rebfläche in Baden sind mit roten und weißen Rebsorten der Burgundergruppe bestockt. In Württemberg dominiert hingegen mit rund 70 % der Rotweinanbau.

Baden-Württemberg und Bayern sind in ihren Küchen teilweise ganz unterschiedlich, wenn man zum Beispiel Reichenauer und Münchner Gerichte vergleicht. Die eine zeigt eine gewisse Leichtigkeit, um von gutem Wein begleitet zu werden, die andere tendiert zu sättigenden und deftigen Gerichten, die besser zu gutem Bier passen. Allerdings haben sie eines gemeinsam – nämlich die Allgäuer Küche, die sowohl Bayern als auch Baden-Württemberg mit ihrem Käse stark beeinflusst hat. Die süddeutsche Küche ist eine ganz typische Alpenküche, die sich äußerst vielseitig präsentiert.

Allgäuer Braunvieh-kuh auf dem Berghof der Familie Kinker

Auf einem der unzähligen süddeutschen Bauernhöfe

Bergkäsereifung in einem schwäbischen Käsekeller

Frisch aus dem Untersee – Hechtfang der Familie Riebel auf der Insel Reichenau

SAIBLING AUF SAUERKRAUT

ZUTATEN FÜR 4 PORTIONEN

4 Saiblingsfilets
½ Zwiebel
50 g Rosinen
500 g Sauerkraut
1 TL Kümmel
1 TL Zucker
1 Handvoll Petersilie, gehackt

Salz, Pfeffer
Butter

ZUBEREITUNG (35 MINUTEN)

- Die Saiblingsfilets auf beiden Seiten salzen und pfeffern. In Butter anbraten, aus der Pfanne nehmen und warm stellen.

- Die Zwiebel fein hacken und die Rosinen in Wasser einweichen. In derselben Pfanne Butter schmelzen und die Zwiebeln andünsten. Das Kraut und ca. 250 ml Wasser hinzufügen, damit es nicht anbrennt. Zehn Minuten zugedeckt dünsten, bei Bedarf immer wieder Wasser dazugeben.

- Mit Kümmel, Zucker und Rosinen würzen und weitere 10 bis 20 Minuten dünsten. Salzen und pfeffern.

- Die Fischfilets auf das Sauerkraut legen, mit Petersilie bestreuen und noch ca. 5 Minuten zugedeckt erwärmen.

***INFO:** Heutzutage ist Fisch eine Delikatesse. In früheren Zeiten war er eine Fastenspeise und wurde nicht nur an Feiertagen, sondern auch während der Woche das ganze Jahr über gegessen. Aus dieser Zeit stammen unzählige Fischgerichte, die im gesamten Alpenraum verbreitet sind.*

BAYERISCHE KRAUTSPÄTZLE

ZUTATEN
FÜR 4 PORTIONEN

100 g Speck
2 Schalotten
500 g Sauerkraut
100 ml Apfelsaft
5 Wacholderbeeren, getrocknet
2 Lorbeerblätter
2 EL Petersilie, gehackt

Schmalz
Gemüsebrühe oder Wasser
Salz, Pfeffer

4 Eier
200 g Quark
250 ml Mehl
Salz

ZUBEREITUNG
(45 MINUTEN)

- Den Speck klein würfeln, die Schalotten fein hacken. In einer Pfanne ganz wenig Schmalz erhitzen und die Schalotten mit dem Speck darin braten.

- Das Sauerkraut hinzufügen, mit Apfelsaft aufgießen und mit Wacholderbeeren und Lorbeerblättern würzen. So viel Wasser oder Brühe hinzufügen, dass das Kraut nicht anbrennt, und zugedeckt ca. 15 Minuten schmoren. Bei Bedarf immer wieder Wasser oder Brühe dazugießen. Salzen und pfeffern.

- In der Zwischenzeit die Eier mit dem Quark verrühren. Mehl, 100 ml Wasser und eine Prise Salz einmischen. Bei einem zu festen Teig noch mehr Wasser oder bei einem flüssigen Teig mehr Mehl dazugeben. Mit einer Holzlöffel abklopfen und 10 Minuten ruhen lassen.

- Den Teig mit einem Spätzlehobel in kochendes Salzwasser hobeln. Die Spätzle darin einige Minuten garen, bis sie an der Oberfläche schwimmen. Mit einem Schaumlöffel herausheben und zum Sauerkraut geben. Alles gut vermischen, mit der gehackten Petersilie bestreuen und heiß servieren.

AUSZOGNE

ZUTATEN FÜR 10 STÜCK

- 250 g Mehl
- 125 ml Milch
- 1 EL Zucker
- 15 g Hefe
- 1 Ei, zimmerwarm
- 50 g Butter, zimmerwarm

- Salz
- Mehl
- Butterschmalz
- Puderzucker

ZUBEREITUNG (90 MINUTEN)

- Mehl in eine Schüssel geben und in die Mitte eine Mulde drücken. Die Milch mit Zucker und einer Prise Salz erwärmen, die Hefe hineinbröckeln und alles gut vermischen. Die Milch-Zucker-Hefe-Mischung in die Mulde gießen, mit ein wenig Mehl zu einem Brei verrühren. Mit Mehl vom Rand bestreuen und an einem warmen Ort 30 Minuten zugedeckt gehen lassen.

- Das Ei und die Butter zum Vorteig geben und den Teig durchkneten. Zudecken und weitere 30 Minuten gehen lassen.

- Auf einer bemehlten Arbeitsfläche dick ausrollen und Kreise mit einem Durchmesser von ca. 8 cm ausstechen. Jeden so gut auseinanderziehen, dass die Mitte dünn bleibt.

- Schmalz in einer tiefen Pfanne erhitzen und die Auszognen von beiden Seiten darin backen. Auf Küchenpapier abtropfen lassen und noch heiß mit Puderzucker bestreuen.

JÄGER-SCHNITZEL

ZUTATEN FÜR 4 PORTIONEN

4 Schnitzel (vom Schwein)
1 Schalotte
250 g Champignons
1 TL Mehl
150 ml Schlagsahne

Salz, Pfeffer
Butter
Weißwein

1 kg junge Kartoffeln
Olivenöl
grobes Salz

ZUBEREITUNG (45 MINUTEN)

- Die Schnitzel klopfen, mit Salz und Pfeffer würzen. In Butter auf beiden Seiten braten und warm stellen.

- Die Schalotte fein hacken und die Champignons in dünne Scheiben schneiden. In derselben Pfanne Butter schmelzen, zuerst die Schalotten und dann die Champignons anbraten. Mit Mehl bestäuben und mit Weißwein ablöschen. Sahne dazugeben, gut vermischen und einige Minuten köcheln lassen. Salzen und pfeffen.

- Die Schnitzel zurück in die Pfanne legen und erwärmen.

- Für die Beilage die ungeschälten Kartoffeln waschen und in einer Schüssel mit Olivenöl und Salz mischen. Auf einem Backblech verteilen und bei 220 °C backen, bis diese gar sind.

- Mit dem Jägerschnitzel servieren.

***INFO:** Jägerschnitzel gibt es sowohl innerhalb als auch außerhalb der Alpenregion. Im süddeutschen Raum wird es klassisch unpaniert gegessen und kann alternativ auch mit Kalbfleisch zubereitet werden.*

SPARGEL MIT CHRATZETE

ZUTATEN FÜR 4 PORTIONEN

CHRATZETE

4 Eier
450 ml Milch
50 ml Schlagsahne
250 g Mehl

Salz
Butter

500 g grüner Spargel
Olivenöl
Salz

2 Eier
30 g Butter
150 ml Naturjoghurt
2 EL saure Sahne
2 EL Schnittlauch, gehackt
Salz, Pfeffer

ZUBEREITUNG (60 MINUTEN)

- Eier, Milch und Sahne verrühren, zum Mehl geben und zu einem flüssigen, klumpenfreien Teig vermischen. Salzen und mindestens 15 Minuten ruhen lassen.

- Eine Pfanne mit Butter bestreichen, ein Viertel vom Teig hineingießen und auf einer Seite goldbraun backen. Wenden, sofort mit zwei Gabeln in kleinere Stücke zerreißen und auf allen Seiten knusprig braten. Wiederholen, bis der Teig verbraucht ist.

- Beim Spargel die holzigen Enden abschneiden und wenn notwendig das untere Drittel schälen. In der Pfanne Olivenöl erhitzen, Spargel ca. 5 Minuten braten (hängt von der Größe und Dicke ab), salzen.

- Die Eier kochen und heiß schälen. Die Eigelbe mit einem Löffel zerdrücken und sofort die Butter einrühren, damit eine cremige Masse entsteht. Naturjoghurt, saure Sahne, Schnittlauch und klein gewürfelte Eiweiße dazumischen. Salzen und pfeffern. Mit Spargel und Chratzete servieren.

FELCHENFILETS »REICHENAUER ART«

ZUTATEN FÜR 4 PORTIONEN

4 Felchenfilets
350 ml Schlagsahne
20 Salbeiblätter
8 Thymianzweige

Salz, Pfeffer
Mehl
Butter
Weißwein

1 kg Kartoffeln
Salz

ZUBEREITUNG (30 MINUTEN)

- Die Felchenfilets waschen und mit Küchenpapier abtupfen, auf beiden Seiten salzen und pfeffern. In Mehl wenden und in Butter von beiden Seiten (zuerst die Seiten mit der Haut) braten. Mit Weißwein ablöschen, die Sahne hinzufügen und aufkochen lassen.

- Die Salbeiblätter in Streifen schneiden, von den Thymianzweigen die Blätter abzupfen. Über die Fischfilets streuen und bei kleiner Hitze 5 Minuten köcheln lassen.

- Die Kartoffeln schälen und vierteln. In Salzwasser weich kochen, herausnehmen und mit den Fischfilets servieren.

***INFO:** Eine Fischart, die im Bodenseeraum Felche genannt wird, kennt man in Altbayern und Österreich als „Renke" und „Reinanke". Zubereitet wird dieser Fisch wie jeder Fisch so einfach wie möglich – kurz gebraten und/oder in leichter Sauce geschmort. Auf der Insel Reichenau darf ein Schuss von gutem badischen Weißwein in der Sauce nicht fehlen, mit demselben Wein wird das fertige Gericht auch sofort serviert.*

NUSSNUDELN MIT ZWETSCHGEN-RÖSTER

ZUTATEN FÜR 4 PERSONEN

250 g Quark
50 g Butter, zimmerwarm
2 EL Zucker
2 EL saure Sahne
2 Eier
100 g Mehl
50 g Weizengrieß

Salz
Schale von 1 Zitrone
Mehl

50 g Butter
8 EL Mandeln, gemahlen
4 EL Zucker
Staubzucker

ZWETSCHGENRÖSTER

500 g Zwetschgen
100 ml Rotwein
1 Vanilleschote
1 Zimtstange
50 g Zucker
150 ml Orangensaft

ZUBEREITUNG (45 MINUTEN)

▪ Den Quark mit der Butter glatt verrühren. Zucker, saure Sahne, Eier, eine Prise Salz und die abgeriebene Schale einer Zitrone einmischen. Schließlich mit Mehl und Grieß zu einem glatten Teig kneten, 15 Minuten ruhen lassen.

▪ Auf einer bemehlten Arbeitsfläche sehr kurz kneten, dann in kleine Stücke teilen und mit der flachen Hand zu Schupfnudeln formen. Salzwasser zum Kochen bringen, die Nudeln zugeben, ca. 5 Minuten ziehen lassen (bis sie an der Oberfläche schwimmen).

▪ Die Butter in einer Pfanne zerlassen, Mandeln und Zucker einmischen und die Nudeln darin schwenken. Mit Staubzucker bestreuen.

▪ Für den Zwetschgenröster die Zwetschgen halbieren und entsteinen. Rotwein mit der längs aufgeschnittenen Vanilleschote, der Zimtstange und dem Zucker zum Kochen bringen. Zwetschgen und Orangensaft zugeben und noch einmal aufkochen, dann bei niedriger Hitze köcheln, bis die Zwetschgen weich sind. Zu den Nussnudeln servieren.

KRAUTWICKEL IN TOMATENSAUCE

ZUTATEN FÜR 8 STÜCK

- 8 Weißkohlblätter
- 250 g Hackfleisch, gemischt (Rind und Schwein)
- 100 g Zwiebeln, fein gehackt
- 75 g Reis, gekocht
- 1 EL Petersilie, fein gehackt

- Salz, Pfeffer
- Olivenöl

TOMATENSAUCE

- 1 Karotte
- 1 Tomate
- 3 EL Tomatenmark
- 1 Lorbeerblatt

ZUBEREITUNG (75 MINUTEN)

▪ Den Strunk vom Kohlkopf entfernen, die Blätter abschneiden und ins kochende Wasser geben. Mit einem Löffel immer wieder voneinander trennen. Die acht Blätter für ca. 5–7 Minuten kochen lassen. Herausnehmen, abtropfen und auskühlen lassen.

▪ Das Hackfleisch in eine Schüssel geben, die Hälfte der Zwiebeln und den Reis dazugeben. Salzen, pfeffern und vermischen. Jeweils ⅛ von der Fleischmasse auf je ein Kohlblatt legen und zusammenrollen. Bei mittlerer Hitze in Olivenöl rundherum anbraten und warm stellen, bis die Sauce fertig ist.

▪ Für die Sauce die Karotte grob reiben und die Tomate in kleine Würfel schneiden. In derselben Pfanne Olivenöl erhitzen, die restlichen Zwiebeln mit den Karotten anbraten. Tomatenwürfel und Tomatenmark hinzufügen und gut vermischen. Mit 200 ml Wasser aufgießen, salzen und pfeffern. Das Lorbeerblatt dazugeben und zugedeckt 5 Minuten schmoren.

▪ Die Krautwickel in die Sauce legen, zudecken und weitere 30–45 Minuten dünsten. Kurz vor dem Servieren mit Petersilie bestreuen.

REHMEDAILLONS IN KIRSCHSAUCE

ZUTATEN FÜR 4 PERSONEN

600 g ausgelöster Rehrücken
300 g frische Kirschen
200 ml Rotwein
3 Thymianzweige
1 EL Maisstärke

Salz, Pfeffer
Butter

SPÄTZLE

300 g Mehl
4 Eier

Salz
Muskatnuss, gemahlen
Butter

ZUBEREITUNG (30 MINUTEN)

▪ Das Fleisch in dicke Medaillons schneiden und mit Salz und Pfeffer würzen. In einer Pfanne Butter schmelzen und erhitzen und das Fleisch darin rundum anbraten. Herausnehmen und warm stellen.

▪ Die Kirschen entkernen und zusammen mit Rotwein und Thymianzweigen in die Pfanne geben und aufkochen lassen, Maisstärke klumpenfrei einrühren und einige Minuten schmoren. Ca. 50 g Kirschen herausnehmen, den Rest fein pürieren, mit Salz und Pfeffer abschmecken. Die Kirschen und die Rehmedaillons wieder in die Pfanne geben und kurz erwärmen.

▪ Für die Spätzle das Mehl mit den Eiern, 100 ml Wasser, einer Prise Salz und Muskatnuss gut vermischen und mit einem Holzlöffel abklopfen. Den fertigen Teig mit einem Spätzlehobel in leicht kochendes Salzwasser reiben. Sobald die Spätzle an der Oberfläche schwimmen, herausnehmen und mit 1–2 EL Butter mischen.

▪ Die Spätzle mit den Rehmedaillons und der Kirschsauce servieren.

STRIEBELE

ZUTATEN FÜR 8–10 STÜCK

200 g Mehl
225 ml Milch
25 ml Schnaps
2 Eier
1 TL Vanillezucker

Salz
Butterschmalz
Puderzucker

ZUBEREITUNG (20 MINUTEN)

- Aus Mehl, Milch, Schnaps, Eiern, Vanillezucker und einer Prise Salz einen flüssigen Teig zubereiten.

- In einer hohen Pfanne mit einem Durchmesser von etwa 24 cm Butterschmalz stark erhitzen. Den Teig portionsweise in einen Trichter oder einen Spritzsack füllen, dabei mit dem Finger die Öffnung schließen.

- Den Teig zuerst im Kreis und dann kreuz und quer ins Butterschmalz fließen lassen. Auf einer Seite und dann auf der anderen Seite goldbraun backen. Auf Küchenpapier abtropfen lassen und noch heiß mit Puderzucker bestreuen.

***INFO:** Strauben (oder Striebele) sind in Bayern, in vielen Teilen Österreichs und auch im italienischen Südtirol sehr verbreitet. Früher waren sie eine typische Festspeise und auch heutzutage dürfen sie weder auf Kirchtagen noch bei Dorffesten fehlen. Gleich nach dem Backen werden Strauben mit Puderzucker bestreut und traditionell mit Preiselbeerkonfitüre serviert.*

Provenzalisches
Paradies: vom Meer
bis zu den Bergen

FRANKREICH

Die französische Küche verbindet man mit Eleganz, Charme und Leichtigkeit. In der kulinarischen Welt sind französische Köche anderen immer einen Schritt voraus, man lernt in Frankreich so zu kochen wie nirgendwo auf der Welt. Doch im südöstlichen Frankreich, wo die Alpen auf das Meer treffen, kocht man noch heute sehr alpenländisch und traditionell. Käse, Würste und Wein sind einige der wichtigsten Zutaten. Nichtsdestoweniger gelingt es den Franzosen auch hier, die *cuisine* so leicht wie möglich zu halten. Von Region zu Region lernt man Unterschiede in der Zubereitungsweise und Zutatenauswahl kennen.

FRANCHE-COMTÉ

In der Franche-Comté (seit Anfang 2016 mit Bourgogne zu einer Region fusioniert) riecht es nach Räucherwurst, Raclette, Fondue und Rösti. Man glaubt fast, in der Schweiz zu sein. Das ist beinahe wahr: Käse spielt hier eine ebenso große Rolle. Die Region verfügt über eine Vielzahl an Käsesorten, die dank der Milch der Montbéliard-Kühe nicht weniger als fünf AOC-Schutzsiegel (kontrollierte Herkunftsbezeichnung) tragen – Comté, Morbier, Bleu de Gex, Mont d'Or, Münsterkäse. Comté wird im Juragebirge hergestellt und durch das raue Klima, aber auch durch viele Wildpflanzen, die auf den Wiesen wachsen, bekommt dieser Käse ein fruchtiges Aroma. Traditionelles Käsefondue und Raclette werden hier meist mit Comté zubereitet. Außerdem gibt es unzählige Gerichte, denen der Comté seine Note verleiht – ob Fleisch, Fisch oder Salat.

Bei so deftiger Küche ist ein starker Wein gefragt. Für ihre Weine ist die Franche-Comté allerdings nicht so bekannt. Nur 1 % aller französischen Weine stammt aus dem Jura. Berühmt ist vor allem *vin jaune*, der gelbe Wein. Man sagt, dass er durch Zufall erfunden wurde, angeblich wurde ein Eichenfass jahrelang im Keller vergessen. Der Wein hatte dementsprechend eine goldgelbe Farbe, schmeckte aber vorzüglich. Seitdem wird dieser Wein produziert. Die dafür verwendete Rebsorte heißt Savagnin und der Wein wird nach der Herstellung mindestens sechs Jahre im Eichenfass gelagert.

In Arbois behauptet man, dass *vin jaune* der seltenste und kontrollierteste Wein der Welt sei. Das französische Nationalgericht *Coq au vin* wird in der Franche-Comté in einer Variante mit *vin jaune* (Huhn im gelben Wein, s. S. 38) zubereitet. Der gelbe Wein wirkt wunderbar in der Sauce, und zusammen mit den Morcheln, die einen wichtigen Teil der *cuisine comtoise* darstellen, ergibt er dieses wunderbare, schmackhafte Gericht.

RHÔNE-ALPES

Eine ähnliche Küche wie in der Franche-Comté bietet auch die zweite französische Alpenregion – Rhône-Alpes (seit Anfang 2016 mit Auvergne zu einer Region fusioniert). Aber während man in der Franche-Comté eher bäuerlich kocht, versucht man in der südlicher gelegenen Region Rhône-Alpes, eine gehobene Küche aus einfachen Zutaten zu entwickeln. Nur Paris bietet mehr sternengekrönte Restaurants als Rhône-Alpes – das sagt schon viel über die heimische Gastronomie aus. Namen wie Paul Bocuse oder Gebrüder Troisgros sind weltweit bekannt und genießen höchstes Ansehen. Die Küche der Region hat trotzdem einen Alpencharakter, sie ist herzhaft, deftig und kalorienreich. Es wird viel mit Fleisch und Wild, aber auch mit Fisch und Gemüse gekocht.

Das Gebiet Bresse ist weltbekannt für sein ausgezeichnetes Geflügel. Bresse-Hühnchen gelten als die besten Hühnchen der Welt. Man findet in Rhônes-Alpes auch viele weltbekannte Käsesorten, wie es für alle Alpenregionen typisch ist. Die Hauptstadt der Region Rhône-Alpes – Lyon – gilt als kulinarisches Zentrum Frankreichs. Die typischen Lyoner Restaurants, *bouchons lyonnais*, servieren Suppe aus Kutteln oder Kürbis, Salat aus Geflügelleber, *cochonnailles* (Aufschnitt vom Schwein), *quenelles* (Knödel aus Fisch, Fleisch oder auch vegetarisch) und auch *matefaim* (ein süßer Kuchen aus der Pfanne; s. S. 44).

PROVENCE-ALPES-CÔTE D'AZUR

Weiter im Süden stößt man plötzlich auf eine leichte provenzalische Küche. Es ist eine typische Mittelmeerküche mit reichlich Gemüse und Fisch auf dem Tisch. Das Gemüse wird als Eintopf gekocht oder einfach frisch gegessen. Berühmt ist vor allem die Nizzaer Küche mit ihrem wunderbaren *salade niçoise* (Nizzasalat) oder der *daube* (eine spezielle Art des Ragouts, auf Basis von Wildschwein oder auch Rind; s. S. 48). Die *daube* ist übrigens für die gesamte Provence typisch. Früher wurde sie in einem speziellen Topf – *daubière* – zubereitet, das Fleisch garte 8–10 Stunden und wurde dadurch sehr zart. Heute ist eine *daubière* nicht mehr sehr oft in den Haushalten anzutreffen, weshalb man dieses Ragout in einem Topf oder in einer tiefen Pfanne kocht.

Es ist für die Alpenküche im Allgemeinen unüblich, ohne Schmalz oder Butter zu kochen, aber in der Provence tendiert man eher dazu, um stattdessen heimisches Olivenöl verwenden zu können. Die Provence-Küche gilt zudem als Kräuterküche Europas und Provence-Alpes-Côte d'Azur ist eine der vielseitigsten Schlemmerregionen in Frankreich und der Welt.

Natürlich finden frische Fische und Meeresfrüchte direkt aus dem Mittelmeer wie Seebrasse, Anchovis, Langusten, Muscheln, Austern und Drachenkopf in vielen provenzalischen Gerichten Verwendung. Das bekannteste Fischgericht ist die Bouillabaisse aus Marseille, eine Fischsuppe mit verschiedenen Fischsorten. Die mit Kräutern sautierten Muscheln (s. S. 46) oder der Drachenkopf mit Gemüse (s. S. 40) sind auch ein Bestandteil dieser Küche. Die Menschen in der Provence sagen, dass sie die ganze Welt im Topf haben. Wenn man einmal in der Provence gegessen hat, weiß man, dass es durchaus stimmt.

Die Alpenküche in Südostfrankreich zeigt in den einzelnen Regionen eine Vielzahl an Geschmacksrichtungen und Aromen. Betrachtet man sie als Ganzes, findet man jedoch Gemeinsamkeiten, was Zutatenauswahl und Vorbereitungstechniken betrifft. Es gibt auch viele Gemeinsamkeiten mit der Schweizer und der norditalienischen Küche, insbesondere der Küche der Region Piemont. Wie auch in allen anderen Alpenküchen spielt die Qualität und Regionalität der Produkte eine große Rolle. Man kocht mit dem, was vor der Haustür wächst, entwickelt aus den einfachen Zutaten geschmacksvolle Gerichte und das seit vielen Generationen.

Zeit für die Traubenlese in der Franche-Comté

In Rhône-Alpes kommt man nicht unbeobachtet vorbei.

Meeresschätze der südlichsten Alpenregion in Frankreich

In einer *boulangerie* (einer französischen Bäckerei) in Lyon

KÜRBIS-BEIGNETS

BEIGNETS DE POTIRON

ZUTATEN FÜR 4 PORTIONEN

- 500 g Kürbis
- 200 g Mehl
- 2 Eier
- 20 ml Weißwein

- Muskatnuss, gemahlen
- Zimt, gemahlen
- Salz
- Butterschmalz

ZUBEREITUNG (20 MINUTEN)

- Den Kürbis schälen und in kleine Spalten schneiden.

- In einer Schüssel Mehl mit Eiern, 150 ml Wasser und Weißwein vermischen. Mit Muskatnuss, Zimt und einer Prise Salz würzen.

- In einer tiefen Pfanne Butterschmalz erhitzen. Die Kürbisspalten in den flüssigen Teig tauchen und in heißem Fett auf beiden Seiten braten.

***INFO:** Beignet wird als Oberbegriff für in Teig getauchte und frittierte Obst-, Gemüse- oder Käsestücke international verwendet. Im Alpenraum sind Apfelbeignets – gebackene Apfelringe, die mit Staubzucker bestreut und dann mit Vanillesauce serviert werden – besonders beliebt.*
In Provence-Alpes-Côte d'Azur, wo mehr als 30 Prozent aller französischen Kürbisse wachsen, gibt es viele Kürbisgerichte – abhängig von der Sorte kann er als Hauptgericht, Beilage oder als Dessert zubereitet werden. Beignets mit Kürbis gibt es hier in mehreren Varianten: Im Gegensatz zum oberen Rezept kann Kürbisfleisch auch direkt in den Mehlteig gerieben und erst dann gebraten werden.

HUHN IM GELBEN WEIN

COQ AU VIN JAUNE

ZUTATEN FÜR 4 PORTIONEN

- 30 g getrocknete Morcheln
- 1 Huhn samt Innereien (ca. 1,5 kg)
- 1 Karotte
- 1 Schalotte
- 1 Selleriestange
- 30 ml *vin jaune* (gelber Wein)
- 1 EL Mehl
- 75 ml Schlagsahne

- Butter
- Salz, Pfeffer

ZUBEREITUNG (90 MINUTEN)

▪ Die getrockneten Morcheln in kaltem Wasser einweichen. Das Huhn in kleine Stücke zerteilen, waschen und trocken tupfen.

▪ Karotte, Schalotte und Selleriestange in beliebige Stücke schneiden. In einem Topf Butter erhitzen und das Gemüse darin anbraten. Die Innereien vom Huhn klein schneiden und samt den Fleischstücken, die nicht für das Hauptgericht verwendet werden, in den Topf geben und auch anbraten. Mit 250 ml Wasser übergießen, salzen und pfeffern. Aufkochen lassen und danach bei kleiner Hitze 10 Minuten köcheln lassen.

▪ In einer Pfanne Butter erhitzen und die Hähnchenstücke darin leicht anbraten. Die Morcheln aus dem Wasser nehmen, leicht ausdrücken und mitdünsten, mit Wein ablöschen.
Mit Mehl bestäuben und ca. 150 ml der vorbereiteten gesiebten Brühe zum Hähnchen geben und die Sahne unterrühren.
Gut 30 Minuten bei mittlerer Hitze garen.

DRACHENKOPF-FILETS MIT GEMÜSE

FILETS DE RASCASSE À LA NIÇOISE

ZUTATEN
FÜR 4 PORTIONEN

700 g Drachenkopffilets

500 g Kartoffeln
1 Zucchino
2 Fenchelknollen
2 Tomaten
20 schwarze Oliven
4 Thymianzweige
20 Basilikumblätter
1 Knoblauchzehe

Olivenöl
Gemüsebrühe oder Weißwein
Salz, Pfeffer

ZUBEREITUNG
(40 MINUTEN)

▪ Die Kartoffeln und den Zucchino in dünne Scheiben schneiden. Die Fenchelknollen putzen, längs durchschneiden und den Strunk herausschneiden, danach in feine Streifen schneiden. Die Tomaten halbieren, entkernen und würfeln.

▪ In einer Pfanne Olivenöl erhitzen, zuerst die Kartoffeln, danach Fenchelstreifen, Zucchinischeiben und Tomatenwürfel anbraten. Bei kleiner Hitze dünsten, bis das Gemüse gar ist.

▪ Die Oliven, die Thymianblätter, die grob geschnittenen Basilikumblätter und den gehackten Knoblauch dazugeben und vermischen. Weitere 2–3 Minuten dünsten. Wenn notwendig, ein wenig Gemüsebrühe oder Weißwein dazugeben, damit das Gemüse nicht anbrennt. Salzen und pfeffern.

▪ Fischfilets auf beiden Seiten salzen und pfeffern. Auf das Gemüse legen und zugedeckt 5 Minuten garen lassen.

KÄSEFONDUE NACH JURA-ART

FONDUE JURASSIENNE

ZUTATEN FÜR 4 PORTIONEN

1 Knoblauchzehe
500 g Comté-Käse
200 ml Weißwein aus dem Jura

Muskatnuss, gemahlen
Marc égrappé (Tresterbrand)

Weißbrot nach Bedarf

ZUBEREITUNG (20 MINUTEN)

- Den Fonduetopf mit der Knoblauchzehe ausreiben, den Käse grob reiben.

- Die Hälfte vom Wein in dem Topf erhitzen und einen Teil vom Käse hineingeben und mit einem Holzlöffel umrühen, bis er vollkommen geschmolzen ist. Den restlichen Käse nach und nach in den Topf geben und schmelzen. Zum Schluss den restlichen Wein unterrühren. Mit Muskatnuss würzen und mit einem Schuss Brand verfeinern.

- Die Fondueflamme anzünden und den Topf auf die Flamme stellen. Weißbrot in kleine Würfel schneiden und zum Fondue servieren.

***INFO:** Obwohl Frankreich international gar nicht als Fondue-Land gilt, gibt es in einigen an die Schweiz angrenzenden Regionen eigene Fondue-Variationen. Die wohl bekanntesten sind fondue comptoise – zu 100 % aus Comté-Käse – und fondue savoyarde, das mit jeweils einem Drittel Emmentaler, Beaufort und Comté zubereitet wird. Fondue jurassienne wird auch zu 100 % aus Comté zubereitet, nur wird zu diesem Fondue ausschließlich der Weißwein aus dem Weinbaugebiet Jura verwendet.*

LYONER MATEFAIM

MATEFAIM LYONNAIS

ZUTATEN FÜR EINE PFANNE (Ø 24 CM)

- 225 g Mehl
- 2 Eier
- 75 g Zucker
- 1 TL Vanillezucker
- 1 EL Olivenöl
- 250 ml Milch
- 500 g Äpfel

- Salz
- Zitronensaft
- Butter

ZUBEREITUNG (30 MINUTEN)

- Mehl in eine Schüssel geben, eine Mulde hineindrücken und die Eier hineinschlagen. Mit einem Schneebesen gut vermischen.

- Zucker, Vanillezucker, Olivenöl und eine Prise Salz dazugeben. Nach und nach die Milch eingießen und gut verrühren, bis ein glatter Teig entsteht.

- Die Äpfel schälen, entkernen und in kleine Würfel schneiden. Mit Zitronensaft beträufeln und ein paar Minuten stehen lassen. Zum Teig geben und vermischen.

- Butter in der Pfanne erhitzen, den Teig hineingeben und zugedeckt braten, bis die untere Seite goldbraun ist. Umdrehen und auf der anderen Seite genauso braten.

***TIPP:** Dieser Kuchen kann mit saurer Sahne serviert werden.*

***INFO:** Matefaim (oder Matafan) ist eine alte bäuerliche Speise, die sehr typisch für die südostfranzösische Küche ist. Matefaim wurde früher mit Kartoffeln gebraten und meistens zum Frühstück gegessen, um den Hunger bis Mittag aushalten zu können. Heutzutage gibt es Matefaim in süßen und salzigen Varianten, auch mit Mais- oder Buchweizenmehl.*

MIESMUSCHELN AUF PROVENZALISCHE ART

MOULES À LA PROVENÇALE

ZUTATEN FÜR 4 PORTIONEN

- 1 kg Miesmuscheln
- 2 Schalotten
- 2 Knoblauchzehen
- 5–6 Thymianzweige
- 2 Rosmarinzweige
- 2 Lorbeerblätter
- 70 ml Weißwein
- 350 ml gewürfelte Tomaten (ohne Haut)
- 2 Handvoll Petersilie

- Olivenöl
- Salz, Pfeffer

ZUBEREITUNG (20 MINUTEN)

- Die Muscheln sortieren, in Kaltwasser waschen, mit einer Handbürste reinigen und ihren Bart entfernen. Schalotten und Knoblauch fein hacken. Thymian- und Rosmarinzweige sowie Lorbeerblätter mit einem Küchengarn zusammenbinden.

- In einer großen und tiefen Pfanne Olivenöl erhitzen und die Schalotten mit dem Knoblauch kurz dünsten. Das Kräutersträußchen hineinlegen und mit Weißwein ablöschen. Die Tomatenwürfel samt Saft unterrühren und einige Minuten köcheln lassen. Das Kräutersträußchen herausnehmen, salzen und pfeffern.

- Die Miesmuscheln in die Pfanne geben, zudecken und 2–3 Minuten kochen. Ungeöffnete Muscheln entfernen und wegwerfen.

- Mit Petersilie bestreuen, umrühren und heiß servieren.

***INFO:** Frische Miesmuscheln riechen nach Seewasser und dürfen nur lebendig verkauft werden. Beim Kauf muss darauf geachtet werden, dass die Schalen fest verschlossen sind. Die Muscheln, die sich während des Kochens nicht öffnen, müssen weggeworfen werden.*

MAISON D'HÔTES

GESCHMORTES WILDSCHWEIN-FLEISCH

DAUBE DE SANGLIER

ZUTATEN FÜR 4 PORTIONEN

- 1 kg Wildschweinfleisch ohne Knochen
- 150 g Karotten
- 1 Zwiebel
- 4 Knoblauchzehen
- 2 Lorbeerblätter
- 1 kleiner Bund frische Kräuter (Rosmarin, Thymian)
- 1 l Rotwein
- 2 EL Mehl
- 300 g gewürfelte Tomaten (ohne Haut)
- 200 g schwarze Oliven

- Olivenöl
- Salz, Pfeffer

- 1 kg Kartoffeln
- 125 g Butter
- 1 Schuss warme Milch
- Salz, Pfeffer

ZUBEREITUNG (3,5 STUNDEN + BIS ZU 1 TAG FÜR DIE MARINADE)

▪ Das Wildfleisch in gleichmäßig große Würfel schneiden. Karotten in Scheiben schneiden, Zwiebel und Knoblauch fein würfeln.

▪ Das Fleisch mit dem Gemüse in eine Schüssel geben, die Lorbeerblätter und Kräuter dazugeben und mit Wein übergießen. An einem kühlen Ort ca. 12–24 Stunden marinieren lassen.

▪ Die Fleischstücke aus der Marinade herausnehmen und in Mehl wälzen. In einer tiefen Pfanne Olivenöl erhitzen und die Fleischstücke darin anbraten, danach herausnehmen.

▪ Die Rotweinmarinade mit dem Gemüse (die Kräuter und Lorbeerblätter vorher herausnehmen) in die Pfanne gießen und aufkochen lassen. Nach ca. 5 Minuten das Fleisch zurück in die Pfanne legen. Die gehackten Tomaten und Oliven dazugeben, vermischen und mit Salz und Pfeffer würzen. Zugedeckt mindestens 2–3 Stunden schmoren, bis die Sauce dickflüssig und das Fleisch sehr weich ist.

▪ Für die Beilage die Kartoffeln kochen, heiß schälen und durch die Kartoffelpresse drücken. Schnell mit Butter und Milch vermischen, salzen und pfeffern. Mit dem geschmorten Wildschweinfleisch servieren.

KALBSSCHNITZEL MIT ROHSCHINKEN UND COMTÉ

ESCALOPE DE VEAU COMTOISE

ZUTATEN FÜR 4 PORTIONEN

- 4 Kalbsschnitzel
- 4 Scheiben geräucherter Schinken
- 200 g Comté, gerieben
- 2 Schalotten
- 300 g Crème fraîche

- Salz, Pfeffer
- Butter
- Weißwein

- 800 g Kartoffeln
- 1 Knoblauchzehe
- 300 ml Milch
- 300 ml Schlagsahne
- Salz, Pfeffer

ZUBEREITUNG (60 MINUTEN)

▪ Die Kalbsschnitzel auf beiden Seiten salzen und pfeffern. In der ofenfesten Pfanne Butter erhitzen und die Schnitzel auf beiden Seiten anbraten. Herausnehmen und je eine Scheibe Schinken darauflegen. Mit der Hälfte des geriebenen Käses alle Schnitzel bestreuen und warm stellen.

▪ Die Schalotten fein hacken und in derselben Pfanne in wenig Butter anbraten. Crème fraîche, den restlichen Käse, etwas Weißwein und ca. 50 ml Wasser unterrühren. Salzen und pfeffern.

▪ Die Schnitzel zurück in die Pfanne legen und bei 160 °C backen, bis der Käse geschmolzen ist.

▪ Für die Beilage die Kartoffeln schälen und in sehr dünne Scheiben schneiden oder hobeln. Salzen und pfeffern. Die Knoblauchzehe halbieren und die Auflaufform damit einreiben. Milch mit Sahne in einen Topf geben und aufkochen, die Kartoffelscheiben hineingeben und ca. 5 Minuten köcheln. In die Auflaufform geben und bei 160 °C 30–45 Minuten backen.

▪ Die Kartoffeln zu den Schnitzeln servieren.

SAVOYISCHES OMELETT

OMELETTE SAVOYARDE

ZUTATEN FÜR 4 PORTIONEN

- 300 g Kartoffeln
- 100 g Speck
- 1 Zwiebel
- 10 Eier
- 2 EL Schlagsahne
- 100 g Emmentaler, gerieben
- 2 EL Petersilie, gehackt

- Butter
- Salz, Pfeffer

ZUBEREITUNG (20 MINUTEN)

▪ Die Kartoffeln und den Speck klein würfeln, die Zwiebel fein hacken. In einer Pfanne ein wenig Butter erhitzen, Speck und Zwiebeln darin anbraten. Die Kartoffelwürfel hinzufügen und mitdünsten, bis sie weich sind.

▪ Die Eier mit der Sahne verquirlen, Käse und Petersilie untermischen. Salzen und pfeffern. In die Pfanne gießen und bei kleiner Hitze zugedeckt braten, nicht zusammenklappen.

***INFO:** Savoie und Haute-Savoie gehören zu der Region Rhône-Alpes und grenzen an die Schweiz und an Italien. Die savoyische Küche beinhaltet sehr sättigende Gerichte und ähnelt oft der Schweizer und norditalienischen Küche. Beispielsweise ist das savoyische Omelett in seiner Zubereitungsart mit der italienischen frittata vergleichbar. Es hat einen eher deftigen Geschmack und wird nicht, wie es sonst in Frankreich üblich ist, zusammengeklappt.*

CRÊPE SUZETTE

CRÊPE SUZETTE

ZUTATEN FÜR 4 PORTIONEN

250 g Mehl
6 Eier
30 g Butter, flüssig
500 ml Milch

Salz
Butter für die Pfanne

100 g Zucker
100 g Butter
2 EL Zitronensaft
Saft von 4 Orangen (ca. 500 ml)
Schale von 2 Orangen
50 ml Orangenlikör

ZUBEREITUNG (30 MINUTEN)

▪ Das Mehl mit einer Prise Salz in eine Schüssel geben, eine Mulde hineindrücken und die Eier hineinschlagen. Mit einem Schneebesen gut vermischen. Butter und Milch nach und nach unterrühren, bis ein glatter Teig entstanden ist.

▪ Eine Pfanne mit etwas Butter ausstreichen, eine kleine Kelle Teig hineingeben und diesen durch Kippen der Pfanne gleichmäßig darin verteilen. Auf beiden Seiten bei mittlerer Hitze hellgelb backen. Den restlichen Teig ebenso verarbeiten. Die fertigen Crêpes auf einen Teller geben und abdecken.

▪ Den Zucker in die Pfanne geben und langsam karamellisieren (nicht rühren). Die Butter in Stücken hineingeben und vermischen. Mit Zitronen- und Orangensaft ablöschen. Die Orangenschale unterrühren.

▪ Die zusammengeklappten Crêpes hineingeben und kurz darin erwärmen. Orangenlikör zugeben und flambieren. Sofort servieren.

Panorama von Trient, Hauptstadt des Trentino

ITALIEN

Die norditalienische Küche zeigt die meiste Vielfalt im gesamten Alpenraum – während in Alto Adige (Südtirol) Apfelstrudel und Knödel typische regionale Speisen sind, weist die Küche Friauls einen starken slowenischen Einfluss auf, im Piemont und in der Lombardei beinhaltet das typische Menü leichte Gerichte, die uns an das restliche Italien erinnern können, im Valle d'Aosta hingegen, wahrscheinlich die unbekannteste Region, findet man eine eigenständige und unvergleichbare Küche.

SPEZIALITÄTEN

Die Süditaliener nennen die Norditaliener *polentoni*, weil Polenta überall im Norden als Beilage, Vorspeise, Hauptspeise und sogar als Nachspeise serviert wird. Als Alternative zu Maisgrieß kann man auch Buchweizenmehl nehmen – in Südtirol kocht man damit *polenta nera* (Schwarzplenten), im lombardischen Veltlin *pizzoccheri* (Buchweizennudeln) oder auch als Mischung mit Maisgrieß kennt man das Buchweizengericht *polenta taragna*.

Risotti sind im Aostatal, in Südtirol und im Friaul nicht verbreitet, im Piemont und in der Lombardei (und auch in Venetien) sind sie hingegen ein wichtiger Bestandteil der regionalen Küche. Das piemontesische Vercelli ist eine Metropole des Reishandels, wo auch hochwertige Risottoreissorten wie Arborio und Vialone hergestellt werden. Gerne wird *risotto al Barolo* (mit piemontesischem Rotwein) oder auch *risotto con castelmagno e nocciole* (mit Nüssen und Käse aus der piemontesischen Provinz Cuneo) gekocht. Aus der Lombardei kennt man *risotto alla milanese* (Safranrisotto) und aus Venetien *risi e bisi* (Reis mit Erbsen).

Wie in anderen Regionen Italiens gibt es auch im Norden eigene Pastasorten. In der Lombardei beispielsweise die bereits genannten Pizzoccheri. Im Piemont isst man gerne *agnolotti* und *agnolotti al plin*, die im Unterschied zu *ravioli* aus einem Teigstreifen zubereitet werden (*plin* heißt „mit einer Falte"). Eine andere Nudelspezialität ist *tajarin*, das sind dünne Nudeln, die mit Barolo zubereitet werden können und dadurch eine rote Farbe erhalten. Im Aostatal macht man *chnolle*, Nockerln aus Maisgrieß. Schlipfkrapfen gibt es im Trentino und in Südtirol und im Friaul isst man *blecs*, deren Teig eine Mischung aus Weizen und Buchweizenmehl darstellt. Aus Venetien stammen *bigoli*, die ein wenig dicker als *spaghetti* sind und meistens in Sardellensauce serviert werden (s. S. 76).

Klassische norditalienische Desserts sind *zabaione* (eine Schaumcreme mit Eiern und dem Likörwein Marsala), *panna cotta* (ein Pudding mit Sahne, der heutzutage luxurioser mit Beerencreme und frischen Beeren garniert wird), *tiramisù* mit sahnigem Mascarpone aus Lodi in der Lombardei oder auch *zuppa inglese* (ein Schichtpudding mit Eiercreme und Löffelbiskuits). In der Pfanne wird gerne frittiertes, süßes Schmalzgebäck zubereitet – venezianische *galani* (s. S. 70), *frittelle di menta* aus dem Aostatal, Südtiroler Striebele (in Österreich und Bayern als Strauben bekannt; s. S. 30) und *tortelle di carnevale* aus der Lombardei.

PIEMONTE UND LOMBARDIA

In den meisten Teilen Norditaliens isst man mehr Fleisch als Fisch. Im Piemont gehört Schmorbraten zu den beliebtesten Hauptspeisen (s. S. 68). Dabei werden große Fleischstücke – sowohl Schweine- als auch Kalbfleisch sowie Wild – in Wein (natürlich in Barolo) langsam geschmort, was ihnen eine unvergleichliche Zartheit verleiht. Das Piemont ist überhaupt eine Gastronomieregion. In Cherasco, einer „Hauptstadt" der Schneckenzucht, gibt es seit 30 Jahren das Internationale Institut für Schneckenzucht. Schneckengerichte (s. S. 72) kennt man auch im Trentino und in der Lombardei, dazu wird heiße Polenta als Beilage empfohlen.

TRENTINO-ALTO ADIGE

In Südtirol und im Trentino findet man fast keine traditionellen Gerichte ohne Fleisch. Südtirol war lange Zeit Teil der Österreichisch-Ungarischen Monarchie und seine Küche kennt Gulasch und Mehlspeisen wie Kaiserschmarren (auch aus Buchweizenmehl zubereitet; s. S. 80) oder Knödel, die hier *canederli* heißen. Um ihre Versorgung zu sichern, versuchten die Bergbauern ihre Lebensmittel länger haltbar zu machen. So sind viele Sorten geräucherter oder gepökelter Wurst- und Fleischwaren sowie Sauerkraut entstanden. Der berühmte Speck dell'Alto Adige, Südtiroler Bauernspeck, wird zum Würzen von Speisen verwendet. Gnocchi werden in der Pfanne oft mit diesem Speck gebraten (s. S. 74). Im Trentino wird zwar ein wenig leichter, aber auch mit viel Fleisch gekocht.

FRIULI-VENEZIA GIULIA

Die Küche in Friaul-Julisch Venetien wurde ebenfalls von der österreichischen Küche beeinflusst, aber auch das benachbarte Slowenien hat einen sichtbaren Einfluss in der friulanischen Küche hinterlassen. So wird die bekannte slowenische *jota* (ein Eintopf mit Bohnen) genauso gerne in Friaul gegessen. Eine Spezialität aus dem Friaul ist der San-Daniele-Schinken – als Zutaten werden ausschließlich italienisches Schweinefleisch und Meersalz verwendet. Außerdem gibt es hier *prosciutto di Cormòns* und *prosciutto di Sauris.*

Im Ausland erlangte Friaul durch seinen Montasio-Käse Berühmtheit, dessen aromatisch-würziger Geschmack perfekt zu Polenta-Gerichten und zum Verfeinern der beliebten *frittata* (Eieromelett; s. S. 78) passt. Der erwähnte Montasio, aber auch Fontina und piemontesischer Castelmagno sind nur einige Beispiele aus der Vielfalt der norditalienischen Käsesorten, die auch lombardischen Grana Padano, piemontesischen Gorgonzola, Robiola und unzählige Arten von Toma-Käse und Südtiroler Bergkäse enthält. Daneben gibt es aber auch eine große Anzahl an weniger bekannten, aber hervorragenden Käsesorten.

VALLE D'AOSTA

Das Aostatal ist klein, hat aber im kulinarischen Sinn sehr viel zu bieten. Man lernt hier wahre Delikatessen aus einfachen Lebensmitteln zu kochen: Fontina-Käse, Fleisch von Tieren, die ausschließlich Gras und Heu fressen, Wild und Gartengemüse. Man kocht hier so wie vor 100 Jahren und Fontina darf bei keiner Mahlzeit fehlen!

Die norditalienische Küche zeigt eine Vielfalt an Speisen und Zubereitungstechniken, hier findet jeder etwas nach seinem Geschmack. Eine Reise in kleine Ortschaften des Piemonts, der Lombardei, aber auch in andere Regionen Norditaliens ist ein Muss für jeden Genießer!

Friulanischer Montasio auf einem Bauernmarkt

Weinberge im Norden Italiens

Kochen macht tatsächlich Spaß!

Traditionelle Gubana von Silvana Chiabai (Giuditta Teresa)

Der Gardasee –
Italiens größter See –
mit Blick auf die Alpen

FORELLE AUF PIEMONTESISCHE ART

TROTA ALLA PIEMONTESE

ZUTATEN FÜR 4 PORTIONEN

2 Forellen, küchenfertig
2 Karotten
2 Schalotten
2 Knoblauchzehen
50 g Rosinen
6 Salbeiblätter
2 Rosmarinzweige

Salz, Pfeffer
Olivenöl
Weißweinessig
Fischfond

ZUBEREITUNG (30 MINUTEN)

▪ Die Forellen waschen, salzen und pfeffern. Karotten, Schalotten und Knoblauch sehr fein hacken. Rosinen in Wasser einweichen.

▪ In einer Fischpfanne Olivenöl erhitzen, das Gemüse darin anbraten. Die Fische hineinlegen, auf einer Seite anbraten und wenden. Mit Weißweinessig ablöschen, Rosinen ausdrücken und dazugeben. Das Gemüse mit Fischfond bedecken, Salbei und Rosmarin zugeben und köcheln lassen, bis die Forellen fertig sind.

***INFO:** Das Piemont hat keinen Zugang zum Meer, aber durch seine Lage wurde es zu einem wichtigen Handelszentrum für Fische aus den benachbarten Regionen, insbesondere aus Ligurien. Auf den Fischmärkten von Turin, Cuneo und Alessandria findet man eine Vielzahl von Fischen und Krustentieren. Selbst im Piemont sind Bergflüsse und Seen reich an Forellen (Bachforelle, Regenbogenforelle, Seeforelle und Marmorataforelle), Hechten, Barschen und Saiblingen.*
In der Küche spielen außerdem acciughe (in Salz eingelegte Sardellen) und der merluzzo (Dorsch) eine große Rolle.

TIRTELN

TIRTLAN

ZUTATEN FÜR 10 STÜCK

250 g Roggenmehl
125 g Weizenmehl
1 Ei
25 g Butter

Salz
Schmalz zum Braten

FÜLLE

½ Zwiebel
1 TL Mehl
75 ml Gemüsebrühe
250 g Sauerkraut
3–4 Wacholderbeeren

Butter
Kümmel
Salz, Pfeffer

ZUBEREITUNG (60 MINUTEN)

▪ Roggenmehl, Weizenmehl, Ei, zerlassene Butter, Salz und 150 ml lauwarmes Wasser zu einem glatten Teig kneten. Zudecken und für 30 Minuten ruhen lassen.

▪ Die halbe Zwiebel klein hacken. Butter in der Pfanne zerlassen, die Zwiebel darin glasig anbraten und mit Mehl stauben. Mit der Brühe aufgießen und umrühren.

▪ Das Sauerkraut dazugeben und mit Wacholderbeeren, Kümmel, Salz und Pfeffer würzen. Ca. 5 Minuten dünsten und danach auskühlen lassen.

▪ Den Teig dünn ausrollen und Kreise (Ø ca. 12 cm) ausstechen. Auf die Hälfte der Teigkreise je etwas Fülle geben und mit der anderen Hälfte der Teigstücke abdecken, gut andrücken.

▪ In einer Pfanne in heißem Fett auf beiden Seiten backen und auf Küchenpapier abtropfen lassen.

***TIPP:** Anstatt der Sauerkrautfülle schmeckt auch Spinat-Quark- oder Kartoffel-Quark-Fülle sehr gut.*

MAILÄNDER KOTELETT

COSTOLETTA ALLA MILANESE

ZUTATEN FÜR 4 PORTIONEN

4 Kalbskoteletts
2 Eier

hausgemachtes Paniermehl
Butterschmalz
Salbeiblätter
Salz

ZUBEREITUNG (20 MINUTEN)

- Den äußeren Rand der Fleischstücke einschneiden. Eier in einer Schüssel verquirlen, Paniermehl auf einen Teller geben.

- Koteletts zuerst in das Ei eintauchen und dann in Paniermehl wälzen, gut andrücken.

- In einer Schnitzelpfanne Butterschmalz zerlassen, einige Salbeiblätter dazugeben und die Koteletts auf beiden Seiten braten. Salzen und abtropfen lassen.

***INFO:** Ebenso wie risotto alla milanese (Safranrisotto) und der Kuchen panettone ist ein paniertes und gebratenes Kotelett aus Kalbfleisch ein Symbol der Mailänder Küche geworden. Bei diesem Gericht ist die Fleischqualität besonders wichtig. Die Koteletts sollen so dick wie der Knochen geschnitten sein. Serviert werden costolette alla milanese mit Zitronenscheiben, dazu passt ein einfacher Rucola-Tomaten-Salat.*

GESCHMORTES HIRSCHFLEISCH

BRASATO DI CERVO

ZUTATEN FÜR 4 PORTIONEN

- 1,1 kg Hirschfleisch
- 300 ml Rotwein
- 200 ml passierte Tomaten
- 10 Wacholderbeeren
- 10 Pfefferkörner
- 5 Thymianzweige
- 5 Rosmarinzweige
- 5 Oreganozweige
- 5 Majoranzweige

- Olivenöl
- Mehl
- Salz, Pfeffer

POLENTA

- 200 g Maisgrieß
- 3 TL Butter

- Salz
- Parmesan, gerieben

ZUBEREITUNG (2 STUNDEN)

▪ Das Hirschfleisch in kleine bis mittelgroße Würfel schneiden. In einer Pfanne Olivenöl erhitzen, die Fleischstücke in Mehl wenden und gut von allen Seiten anbraten. Mit Rotwein übergießen und einige Minuten schmoren, bis der Alkoholgeruch verschwunden ist.

▪ Die passierten Tomaten dazugeben und gut vermischen. Mit Wacholderbeeren und Pfefferkörnern würzen. Die Kräuter klein hacken und zum Fleisch geben. Zugedeckt mindestens 1,5 Stunden schmoren, bis das Fleisch weich ist. Salzen und pfeffern.

▪ Für die Polenta in einem kleinen Topf 600 ml Salzwasser zum Kochen bringen und Maisgrieß einrieseln lassen. Unter ständigem Rühren bei mittlerer Hitze mindestens 20 Minuten kochen, danach Butter einrühren und salzen.

▪ Einen Bogen Backpapier auf die Arbeitsfläche legen, den Maisbrei darauf verteilen und glatt streichen (ca. 1,5 cm dick). Auskühlen lassen und dann Kreise ausschneiden (etwa 6 cm Ø). Auf ein Backblech (mit Backpapier bedeckt) legen, mit Parmesan bestreuen und bei 180 °C backen, bis der Käse leicht geschmolzen ist.

GALANI

GALANI

ZUTATEN FÜR 4 PORTIONEN

50 g Butter
2 Eier
50 g Zucker
100 ml Milch
25 ml Grappa
350 g Mehl
Salz
Öl
Puderzucker

ZUBEREITUNG (30 MINUTEN)

- Die zerlassene Butter in einer Schüssel mit Eiern, Zucker, Milch, Grappa, Mehl und einer Prise Salz zu einem glatten Teig verarbeiten. Zu einer Kugel formen und ca. 15 Minuten ruhen lassen.

- Den Teig rechteckig ausrollen und mit dem Teigrädchen in Rechtecke schneiden. Jedes Rechteck in der Mitte einschneiden. Die Teigstücke in heißem Öl beidseitig ausbacken und abtropfen lassen.

- Mit Puderzucker bestreuen und servieren.

***INFO:** Ähnlich wie frittele werden galani traditionsgemäß während der Karnevalzeit gebacken. Fast jede italienische Region hat eine eigene Variante des Karnevalgebäcks. Interessant ist, dass die Verkäufer der frittele früher sogar einen eigenen Gewerbeschein besaßen. Verkauft wurde das süße Schmalzgebäck an kleinen Ständen überall in der Stadt, heute genießt man es mit einem Glas venezianischen Proseccos in Cafés und Restaurants.*

SCHNECKEN MIT KRÄUTERN NACH CREMONA-ART

LUMACHE TRIFOLIATE ALLE CREMONESE

ZUTATEN FÜR 4 PORTIONEN

500 g Weinbergschnecken, küchenfertig
2 EL Butter
1 Zwiebel
1 Knoblauchzehe
100 ml Weißwein
100 ml Gemüsebrühe
150 ml passierte Tomaten
100 ml Rotwein
2 EL Petersilie, gehackt
Salz, Pfeffer

POLENTA

200 g Maisgrieß
50 g Butter
2 EL Parmesan, gerieben
Salz

ZUBEREITUNG (90 MINUTEN)

- Weinbergschnecken mit kaltem Wasser abspülen und abtrocknen lassen. Butter in der Pfanne schmelzen lassen und klein gehackte Zwiebel und Knoblauch darin anbraten. Weinbergschnecken dazugeben und kurz braten.

- Mit Weißwein, Brühe und passierten Tomaten übergießen. Ca. 45 Minuten bei mittlerer Hitze zugedeckt schmoren lassen.

- Rotwein und Petersilie dazugeben. Salzen und pfeffern. Weitere 15 Minuten zugedeckt schmoren.

- Für die Polenta in einem Topf 800 ml Salzwasser zum Kochen bringen und den Maisgrieß einrieseln lassen. Unter ständigem Rühren bei mittlerer Hitze mindestens 20 Minuten kochen, danach Butter und Parmesan einrühren, salzen. Weitere 10 Minuten unter ständigem Rühren kochen.

- Mit den Weinbergschnecken servieren.

KÜRBISGNOCCHI MIT SPECK

GNOCCHI DI ZUCCA CON SPECK

ZUTATEN FÜR 4 PORTIONEN

- 250 g Kürbisfleisch
- 200 g Kartoffeln
- 1 Ei
- 200–250 g Weizenmehl
- 1 Zwiebel
- 200 g Speck
- 2 EL Butter
- 100 ml Schlagsahne
- 3–4 Thymianzweige

- Olivenöl
- Salz

ZUBEREITUNG (45 MINUTEN)

▪ Den Kürbis in Spalten schneiden, diese auf ein Backblech legen und mit Olivenöl beträufeln. Bei 200 °C backen, bis sie weich sind. Die Kartoffeln schälen, kochen und durch eine Kartoffelpresse drücken.

▪ Das Kürbisfleisch pürieren, zu den Kartoffeln geben. Mit Ei, Salz und etwa 200 g Mehl zu einem glatten Teig kneten. Wenn der Teig zu weich ist, noch ein wenig Mehl dazugeben.

▪ Den Teig in mehrere Stücke teilen und zu Rollen formen (ca. 1,5–2 cm Ø). Diese in etwa 2 cm lange Stücke schneiden und auf einer Gabel rollen, damit jedes Stück ein Muster bekommt. Ins kochende Salzwasser geben und sobald die Gnocchi an die Oberfläche steigen, herausnehmen.

▪ Die Zwiebel klein hacken, den Speck in kleine Würfel schneiden. Butter in der Pfanne zerlassen, Zwiebel und Speck anbraten.

▪ Die Gnocchi dazugeben, vorsichtig vermischen. Mit Sahne übergießen und mit Thymianblättern bestreuen, noch einmal vermischen. Nach ca. 1 Minute vom Herd nehmen und heiß servieren.

BIGOLI IN SAUCE

BIGOLI IN SALSA

ZUTATEN FÜR 4 PORTIONEN

300 g Zwiebeln
100 g in Salz eingelegte Sardellen
70 ml Olivenöl
500 g Bigoli

Salz, Pfeffer
Petersilie
Olivenöl zum Beträufeln

ZUBEREITUNG (20 MINUTEN)

- Die Zwiebeln in Halbringe schneiden, die Sardellen waschen und entgräten.

- In der Pfanne Olivenöl erhitzen und die Zwiebeln darin anbraten, bis sie eine ganz leichte goldbraune Farbe bekommen. Eventuell ein paar Esslöffel Wasser dazugeben, damit sie nicht anbrennen.

- Die Sardellen dazugeben und unter ständigem Rühren weich kochen, bis die Sardellen zerfallen und eine Sauce entsteht. Salzen und pfeffern.

- Die Bigoli kochen und zur Sauce geben. Vor dem Servieren mit fein gehackter Petersilie bestreuen und mit Olivenöl beträufeln.

***INFO:** Bigoli sind eine Pastaart, die ihre Wurzeln in der Region Veneto hat. Traditionell wurden sie aus grano tenero (Weichweizen), Wasser und Salz gerollt. Es gibt aber auch andere Varianten für den Teig: In Vicenza haben bigoli eine dunkle Farbe, weil sie mit Buchweizenmehl zubereitet werden. Manchmal wird auch Ei zum Teig gegeben, nur die Form – dick und mit einem kleinen Loch in der Mitte – bleibt immer gleich.*

KRÄUTER-OMELETT

FRITTATA ALLE ERBE

ZUTATEN FÜR 4 PORTIONEN

- 6 Eier
- 25 ml Schlagsahne
- 25 g Parmesan, gerieben
- 50 g Porree
- 7 Salbeiblätter
- 1 Handvoll Rucola
- 1 Handvoll Petersilie
- 5 Mangoldblätter

- Salz, Pfeffer
- Butter

ZUBEREITUNG (30 MINUTEN)

- Die Eier mit Sahne und geriebenem Parmesan leicht aufschlagen. Salzen und pfeffern.

- Den Porree in Halbringe schneiden, Salbeiblätter, Rucola und Petersilie klein hacken. Die hellen, dicken Stängel des Mangolds keilförmig aus den Blättern herausschneiden. Die Stängel in feine Streifen und die grünen Blätter klein schneiden. Das Gemüse mit den Kräutern vermischen.

- In einer Pfanne Butter erhitzen, die Gemüse-Kräuter-Mischung gut anbraten und ein wenig abkühlen lassen. Mit den geschlagenen Eiern vermischen, alles zusammen zurück in die Pfanne geben und zudecken.

- Bei mittlerer Hitze zugedeckt zuerst auf einer Seite und dann auch auf der anderen backen, bis die Frittata fertig ist.

***INFO:** Frittata ist eine italienische Eierspeise, die in ihrer Zubereitungsart dem französischen Omelett sehr ähnlich ist. Sie wird nicht nur zum Frühstück gerne gegessen, sondern auch – in kleinere Stücke geschnitten – zum Aperitif oder als Vorspeise serviert.*

ZASSENHAUS

BUCHWEIZEN-SCHMARREN

SCHWARZPLENTENER RIEBEL

ZUTATEN FÜR 4 PORTIONEN

- 150 g Buchweizenmehl
- 50 g Weizenmehl
- 25 g Zucker
- 300 ml Milch
- 2 große Eier
- 1 Birne, geschält und gewürfelt (ca. 250 g)

- Salz
- Butter
- Puderzucker

ZUBEREITUNG (30 MINUTEN)

▪ Buchweizenmehl mit Weizenmehl und Zucker mischen. Die Milch erwärmen, bis sie lauwarm ist und zum Mehl geben, gut miteinander verrühren und mindestens 15 Minuten ruhen lassen.

▪ Die Eier und eine gute Prise Salz zum Teig geben und alles noch einmal gut verrühren.

▪ Eine Pfanne mit Butter bestreichen, den Teig einfüllen. Sobald die Unterseite fest und goldgelb geworden ist, umdrehen und die andere Seite kurz anbraten. Mit zwei Gabeln in Stücke reißen.

▪ Die Birnenwürfel dazugeben, umrühren und weitere 2–3 Minuten backen. Mit Puderzucker bestreut servieren.

***INFO:** Der Schwarzplentenriebel ist dem Kaiserschmarren sehr ähnlich, ist aber natürlich nicht so weit verbreitet. Es wird heutzutage genauso wie früher auf den Südtiroler Bauernhöfen gekocht. Im Gegensatz zu Kaiserschmarren verwendet man Buchweizenmehl, es wird aber nicht direkt zur Ei-Milch-Mischung gegeben, sondern zuerst in warmer Milch eingeweicht. Ein weiterer Unterschied ist, dass für klassischen Kaiserschmarren die Eier getrennt werden. Der Eischnee wird erst zum Schluss untergehoben.*

Seeschloss Ort auf dem wunderschönen Traunsee

ÖSTERREICH

Viele Gerichte, die heute als typisch österreichisch gelten, sind in der Zeit der Habsburgermonarchie entstanden und haben ganz unterschiedliche Wurzeln. Vor allem die Wiener Küche, die schon zur Zeit der Monarchie weit über ihre Grenzen hinaus bekannt war, wurde durch die Nachbarländer beeinflusst – aus Ungarn kamen viele Paprikagerichte und Strudel, aus Böhmen Knödel und süße Mehlspeisen.

WIENER KÜCHE

Nicht nur während der Habsburgerzeit hat die Wiener Küche die Kochtradition im ganzen Land und auch in benachbarten Ländern beeinflusst. Man isst heutzutage in Vorarlberg genauso gerne Wiener Schnitzel wie in der Hauptstadt selbst. In jeder kleinen Pâtisserie in Salzburg wird zum Kaffee ein Stück Sachertorte angeboten. Auch in Süddeutschland und Norditalien sind der Wiener Kaiserschmarren oder verschiedene Strudel ein fester Bestandteil der eigenständigen Küche geworden. Andere typische Speisen sind in Vergessenheit geraten, wie Dalken (s. S. 106), Grenadiermarsch (s. S. 100), Kuttelsuppe oder gebackene Karpfenmilchner. Heute hat jedes österreichische Bundesland und jede Alpenregion eigene Spezialitäten und Speisen zu bieten und ganz viele davon werden in der Pfanne zubereitet.

SPEZIALITÄTEN

In Österreich, einem Land, das zum größten Teil in den Alpen liegt, musste man Gerichte an die geografischen Bedingungen anpassen. In kleinen Alpendörfen, die zum Teil hoch in den Bergen liegen, entwickelte man eine sättigende Küche. Die Bergbauern kochten mit luftgetrocknetem Speck, mit Kartoffeln, hier Erdäpfel genannt, mit Milch, Käse und Kraut (Weißkohl). Auch aus Resten konnte man viele köstliche Gerichte kreieren, so sind viele Knödelvariationen oder auch Gröstl entstanden. Heute ist diese Küche längst keine Resteküche mehr, man kocht mit frischen Zutaten und hat selten trockenes Gebäck oder Fleischreste zu Hause, um diese in die genannten Knödel und Gröstl zu verwandeln.

Die österreichische Alpenküche ist ohne Zweifel auch eine Wildküche mit jahrhundertealter Tradition. Eine der ersten Varianten des heutigen Wiener Schnitzels gab es schon in einem 1871 erschienenen Kochbuch und es handelte sich um ein Wildschweinschnitzel, wenn auch unpaniert. Einen unvergesslichen Genuss erlebt man in den Jägerfamilien, wo sich köstliche Rezepte seit Generationen entwickeln konnten, unter anderem für Gulasch, Koteletts und Schnitzel mit allen möglichen Beilagen.

Sehr oft wird Fisch als Hauptzutat der österreichischen Küche gar nicht erwähnt, weil man sie eher als Fleischküche betrachtet. Wenn man jedoch überlegt, wie viele Fischarten der Neusiedlersee und der Bodensee, die Waldviertler Teiche, die Seen in Kärnten und im Salzkammergut zu bieten haben, kann das gar nicht stimmen. Die Alpenseefischer haben ihre eigenen Rezepte entwickelt und berühmte österreichische Speisen mit Fisch verfeinert. So sind Fischgröstl (s. S. 96), Fischgulasch und Fischlaibchen (s. S. 98) entstanden. In Wien wurde früher auch gerne mit Fisch gekocht, es gab unzählige Märkte, wo frische Meeresfische aus Triest und Istrien verkauft wurden. Im Paulanerkloster in Wien gab es eigene Fischteiche und so sind die heute fast komplett vergessenen Paulanerwürste entstanden, man nennt sie heutzutage ja schließlich Fischstäbchen.

Dort, wo weniger mit Fleisch und Fisch gekocht wurde, wurden zahlreiche Rezepte mit Käse, Mehl und Erdäpfeln entwickelt. Im Pinzgau, einem Bezirk im Bundesland Salzburg, kennt man Kaspressknödel, Spätzle oder Nocken (s. S. 102), Krapfen und Nidei (sowohl süß als auch salzig; s. S. 90) weit besser als Gulasch und Fischbeuschelsuppe. Wer die Käsestraße Bregenzerwald entlangfährt, kommt bei zahlreichen Alpensennereien mit wunderbarem Heumilchkäse vorbei. Viele werden behaupten, dass man in Vorarlberg gar keine eigenständige Küche finden kann, aber es stellt sich die Frage, ob Käsknöpfle mit dreierlei Käsemischung aus Emmentaler, Bergkäse und Räßkäse, Käsdönnala aus Lustenau oder Riebel mit Apfelmus (s. S. 104) nicht schon Zeichen der Vorarlberger Kochkünste geworden sind? Vielleicht wird die Vorarlberger Küche, so wie die niederösterreichische, die lange Zeit unter dem Einfluss Wiens stand, erst später anerkannt. Heute kennt man Wachauer Laberl ebenso wie Semmeln (Brötchen), Liebhaber schwören auf Wild- und Fischgerichte aus dem Waldviertel, keine Aprikosensorte ist so bekannt geworden wie die niederösterreichische Wachauer Marille und auch Mohnnudeln und Mohnzelten sind ein wahres Zeichen der niederösterreichischen Mehlspeisenküche geworden.

Während Wien und benachbarte Regionen reich an süßen Mehlspeisen sind, sind andere Bundesländer stolz auf ihre Nudelgerichte. Sie können auf eine jahrhundertealte Teigwarentradition unterschiedlicher Formen und Namen verweisen – Kletznnudln, Fleischnudln, Schlipf- und Schlutzkrapfen, Nocken, Spätzle und Knöpfle. Nicht zu vergessen sind wohl die bekanntesten unter allen österreichischen Nudelvarianten: die Kärntner Kasnudeln, die es in ihrer Bedeutsamkeit mit jeder Art von italienischer Pasta aufnehmen. Doch Mehl war zum Teil teurer als Gemüse und daher kochte man mit Mehl fast nur zu Festtagen. Dafür gab es zumindest im Süden des Landes Buchweizen und Maisgrieß, unter dem Einfluss Italiens und Sloweniens sind auch in Österreich viele Gerichte daraus entstanden. So wie auch in Slowenien serviert man Sterz mit Milch, Grammeln (Grieben) oder auch Suppe. Polentabrei ist im Süden Österreichs eine typische Beilage geworden. Im Westen und in der Hauptstadt wird immer noch wenig mit Buchweizen und Mais gekocht, aber es ist wahrscheinlich nur eine Frage der Zeit.

Die Stadtküche war immer anders, gehoben, aber mit heimischen Akzenten. Große Städte waren auch wichtige Verkehrsknotenpunkte und die Köche konnten die Speisen seit jeher mit Zironen, Kapern und diversen nicht einheimischen Kräutern verfeinern. Während es im Ötztal Erdäpfelblattln gab, aß man in Innsbruck Kalbsherrengröstl oder saure Leber (s. S. 94). Während man im Salzburger Land geräucherten Fisch mit Erdäpfeln kochte, gab es in den Gasthöfen in Salzburg Bierfleisch und süße schaumige Nockerln. Heute ist die österreichische Küche ausgeglichener, obgleich immer noch regional sehr unterschiedlich.

Vorarlberger Bergkäse auf einem Wochenendmarkt

Frische Alpenmilch im Salzburgerland

Wiener Weintrauben als Zeichen der Stadt

Weinkeller auf einer Weinstraße im Weinviertel

Kürbissaisonstart
in der Steiermark

Salzburger Alpen-
landschaften

VANILLE-ROSTBRATEN

ZUTATEN FÜR 4 PORTIONEN

- 4 Rostbraten je 200 g (Hochrippe)
- 8 Knoblauchzehen
- 60 g Schmalz
- 60 g Butter
- 200 ml Rinderfond
- Salz, Pfeffer

SPÄTZLE

- 300 g Mehl
- 4 Eier
- Salz
- Muskatnuss, gemahlen
- Butter

ZUBEREITUNG (45 MINUTEN)

- Für den Rostbraten das Fleisch leicht klopfen und auf beiden Seiten salzen und pfeffern. Knoblauch sehr fein hacken und mit der Hälfte davon die Rostbratenscheiben einreiben.

- Das Fleisch in heißem Schmalz beidseitig anbraten, herausnehmen und warm stellen. Den Bratensaft durch ein Sieb abgießen und entfetten.

- In der gleichen Pfanne 30 g Butter schmelzen lassen, den restlichen gehackten Knoblauch darin kurz andünsten und mit Bratensaft und Fond aufgießen. Aufkochen lassen, die Fleischstücke wieder zurück in die Pfanne legen und bei kleiner Stufe etwa 15 Minuten dünsten lassen.

- Die restliche Butter flockenweise in die Sauce einrühren. Mit Salz und Pfeffer abschmecken.

- Für die Spätzle das Mehl mit den Eiern, 100 ml Wasser, einer Prise Salz und Muskatnuss gut vermischen und mit einem Holzlöffel abklopfen. Den fertigen Teig mit einem Spätzlehobel in leicht kochendes Salzwasser reiben. Sobald die Spätzle an der Oberfläche schwimmen, herausnehmen und mit 1–2 EL Butter mischen.

- Den Vanillerostbraten mit den Spätzle servieren.

NIDEI MIT SAUERKRAUT

ZUTATEN FÜR 4 PORTIONEN

- 500 g Erdäpfel (Kartoffeln)
- 1 Dotter (Eigelb)
- 100 g Mehl

- Salz
- Butter

- 1 Zwiebel
- 2 EL Butter
- 500 g Sauerkraut
- 2 Lorbeerblätter
- 400 ml Gemüsebrühe
- Pfeffer

ZUBEREITUNG (45 MINUTEN)

▪ Die Erdäpfel kochen, heiß schälen und durch die Erdäpfelpresse drücken. Ein wenig auskühlen lassen und mit Dotter, Mehl und Salz vermischen. Zu einem glatten Teig verarbeiten, ca. 15 Minuten ziehen lassen.

▪ Währenddessen die Zwiebel fein würfeln und in Butter anrösten. Die Hälfte des Sauerkrauts, die Lorbeerblätter und die Hälfte der Brühe dazugeben und ca. 15 Minuten dünsten. Danach das restliche Sauerkraut und die restliche Brühe in die Pfanne geben, pfeffern und weitere 15 Minuten dünsten.

▪ Aus dem Teig daumendicke Rollen formen und davon 2 cm lange Stücke abschneiden. Die Nidei in heißer Butter anbraten und mit dem Sauerkraut servieren.

TIPP: Nidei gibt es auch in süßer Variante: In diesem Fall werden sie nicht gleich gebraten, sondern zuerst in Wasser gekocht und dann in zerlassener Butter und Semmelbröseln (Paniermehl) geschwenkt.

GEBACKENE MÄUSE

ZUTATEN FÜR 4 PORTIONEN

250 g Mehl
30 g Zucker
2 Dotter (Eigelb)
300 ml Milch
50 g Butter
15 g Germ (Hefe)

Salz
Butterschmalz
Puderzucker

HIMBEERSAUCE

300 g frische Himbeeren
30 ml Zitronensaft
60 g Zucker

ZUBEREITUNG (90 MINUTEN)

- Mehl mit einer Prise Salz, Zucker und Dottern in eine Schüssel geben. Die Milch mit der Butter sehr leicht erhitzen und die Germ darin auflösen. Zu der Mehlmischung geben und gut vermischen, danach 1 Stunde an einem warmen Ort gehen lassen.

- In der Zwischenzeit die Himbeeren mit Zitronensaft und Zucker pürieren und durch ein Sieb streichen.

- Butterschmalz in einer tiefen Pfanne erhitzen. Aus dem Teig mit Hilfe eines Eislöffels Nockerln formen, in das heiße Fett tauchen und rundum backen. Auf einem Küchenpapier abtrofen lassen, danach auf Tellern anrichten und mit Puderzucker bestreuen. Mit Himbeersauce servieren.

***TIPP:** Alternativ kann man einen Topfenteig (Quarkteig) zubereiten, dann wäre die Zugabe von Germ nicht erforderlich. Heutzutage ist es auch üblich, zu den gebackenen Mäusen Vanillesauce zu servieren.*

SAURE LEBER MIT ERDÄPFEL-SELLERIE-PÜREE

ZUTATEN FÜR 4 PORTIONEN

- 800 g Kalbsleber
- 1 Zwiebel
- 2 EL Butter
- 4 EL Weißweinessig
- 3–4 EL Mehl
- 300 ml Gemüsebrühe oder Kalbsfond
- 2 Lorbeerblätter
- Salz, Pfeffer

PÜREE

- 400 g Knollensellerie
- 400 g Erdäpfel (Kartoffeln)
- 100 g Butter
- 2 EL Zitronensaft

- Salz, Pfeffer
- Muskatnuss, gemahlen

ZUBEREITUNG (35 MINUTEN)

▪ Die Kalbsleber in kleine Würfel oder Streifen schneiden. Die Zwiebel fein hacken und in Butter anrösten. Die Leberstücke dazugeben und gut anbraten.

▪ Mit Essig ablöschen und mit Mehl bestäuben. Brühe und Lorbeerblätter dazugeben und gut vermischen. Salzen und pfeffern. Einige Minuten bei mittlerer Hitze köcheln lassen, die Lorbeerblätter herausnehmen.

▪ Für das Püree Sellerie und Erdäpfel weich kochen. Die Erdäpfel durch die Presse drücken und zum pürierten Sellerie geben. Zum heißen Püree Butter und Zitronensaft geben und schnell vermischen. Mit Salz, Pfeffer und Muskatnuss würzen und mit der Leber servieren.

INFO:* *Saure Leber ist in Süddeutschland genauso wie im österreichischen Tirol sehr weit verbreitet.

SAIBLINGS-GRÖSTL

ZUTATEN FÜR 4 PORTIONEN

500 g Saiblingsfilets
500 g Erdäpfel (Kartoffeln)
2 Zwiebeln
2 EL Zitronensaft
2 EL Dill, fein gehackt

Mehl
Butterschmalz
Salz, Pfeffer

SAUCE

200 ml Sauerrahm (saure Sahne)
2 EL Senf
1 TL Zitronensaft
Salz, Pfeffer

ZUBEREITUNG (30 MINUTEN)

- Die Saiblingsfilets entgräten, in Streifen schneiden, in Mehl wenden und in Butterschmalz anbraten. Herausnehmen und warm stellen.

- Die Erdäpfel kochen, noch heiß schälen und in beliebige Stücke schneiden.

- In derselben Pfanne ein wenig Butterschmalz erhitzen und die fein geschnittenen Zwiebeln darin anrösten. Die Erdäpfel dazugeben und kurz anbraten.

- Die Fischstücke wieder zurück in die Pfanne geben und mit Zitronensaft beträufeln. Mit frisch gehacktem Dill, Salz und Pfeffer würzen.

- Für die Sauce Sauerrahm mit Senf und Zitronensaft mischen. Salzen und pfeffern. Zum Fischgröstl servieren.

***INFO:** Fischgröstl ist eine leichtere Variante des klassischen Pfannengerichtes der österreichischen Küche – des Tiroler Gröstls. Es wird mit Erdäpfeln, Rind- und Schweinefleisch sowie Zwiebeln zubereitet und mit Spiegelei serviert. Gröstl ist ein typisches Beispiel der Resteküche.*

FISCHLAIBCHEN MIT ERDÄPFELSALAT

ZUTATEN FÜR 4 PORTIONEN

450 g Zanderfilet
250 g Erdäpfel (Kartoffeln), gekocht
50 g Zwiebeln
1 EL Petersilie, gehackt

Salz, Pfeffer
Semmelbrösel (Paniermehl)
Butterschmalz

ERDÄPFELSALAT

750 g Erdäpfel
50 g Zwiebeln
200 ml Rinderbrühe
3 EL Öl
5 EL Essig
2 EL Schnittlauch, gehackt
Salz, Pfeffer

ZUBEREITUNG (45 MINUTEN)

- Fischfilets, Erdäpfel und Zwiebeln durch den Fleischwolf passieren. Mit Petersilie, Salz, Pfeffer und 1 EL Semmelbröseln mischen.

- Aus der Masse Laibchen (in der Art von Frikadellen) formen, diese in Semmelbröseln wälzen und schließlich in Butterschmalz braten.

- Für den Salat die Erdäpfel kochen und noch heiß schälen. In Scheiben schneiden und in eine Schüssel geben.

- Die Zwiebeln fein hacken, mit heißer Brühe übergießen und kurz ziehen lassen. Zu den Erdäpfeln geben und vorsichtig vermischen.

- Öl mit Essig und Salz vermengen und den Salat damit übergießen. Gut durchziehen lassen, danach mit Salz, Pfeffer und Schnittlauch würzen. Mit den Fischlaibchen servieren.

GRENADIER-MARSCH

ZUTATEN FÜR 4 PORTIONEN

- 500 g Erdäpfel (Kartoffeln)
- 200 g gekochtes Selchfleisch
- 200 g Speck
- 1 EL Schmalz
- 1 Zwiebel
- 150 g Fleckerl
- 2 EL Petersilie, gehackt
- Salz, Pfeffer

SALAT

- 1 Salatgurke
- 5–6 EL Sauerrahm (saure Sahne)
- 2 EL Essig
- 4 EL Dill, gehackt
- Salz, Pfeffer

ZUBEREITUNG (40 MINUTEN)

- Die Erdäpfel kochen, schälen und blättrig schneiden. Das Selchfleisch und den Speck in gleichmäßig große Würfel schneiden. Schmalz in einer großen Pfanne erhitzen, die Speckstücke und die Zwiebel darin anbraten. Die Erdäpfelscheiben und das Selchfleisch dazugeben und nochmals scharf anbraten.

- Inzwischen die Fleckerl kochen und in die Pfanne geben. Mit frisch gehackter Petersilie, Salz und Pfeffer würzen.

- Für den Rahmsalat die Gurke in dünne Scheiben hobeln, mit den restlichen Zutaten vermischen, salzen und pfeffern.

- Mit dem Grenadiermarsch servieren.

***INFO:** Der Wiener Grenadiermarsch, eine heute fast vergessene Speise, hat seine Ursprünge vermutlich in der ungarischen Militärküche. In Ungarn gibt es allerdings (fast) nichts ohne Paprika, auch keinen Grenadiermarsch. Seit dieses Rezept in Wien verbreitet ist, entwickelten sich in jedem Haushalt unterschiedliche Variationen, abhängig davon, was man gerade daheim vorrätig hatte.*

KÄSE-NOCKERLN

ZUTATEN FÜR 4 PORTIONEN

- 500 g Mehl
- 4 Eier
- 2 Zwiebeln
- 2 EL Butter
- 300 g Hartkäse, z. B. Dachsteiner
- Salz

ZUBEREITUNG (35 MINUTEN)

- Das Mehl in eine Schüssel sieben und die Eier hineinschlagen, salzen und ca. 100–150 ml Wasser dazugießen. Mit einem Holzlöffel rasch zu einem Teig verrühren und mehrmals abklopfen.

- Die Zwiebeln klein würfeln oder in Halbringe schneiden. In einer großen Pfanne Butter erhitzen und die Zwiebeln darin gut anbraten.

- Salzwasser in einem Topf zum Kochen bringen. Den Teig portionsweise durch ein Spätzlesieb ins Salzwasser einkochen. Sobald die Nocken an der Oberfläche schwimmen, herausnehmen und in die Pfanne geben.

- Käse aufreiben, ein bisschen mehr als die Hälfte unter die Nocken mischen. Mit dem restlichen Käse bestreuen und bei 200 °C backen, bis der Käse geschmolzen ist.

TIPP: Als Beilage wird ein grüner Salat mit steirischem Kürbiskernöl empfohlen.

RIEBEL MIT APFELMUS

ZUTATEN FÜR 4 PORTIONEN

500 ml Milch
250 g Riebelgrieß

Salz
Butterschmalz

APFELMUS

500 g Äpfel
3 TL Zucker
1 EL Zitronensaft

ZUBEREITUNG (90 MINUTEN)

- Eine Prise Salz zur Milch geben und zum Kochen bringen. Den Riebelgrieß einrieseln lassen und zu einem Brei mischen. Vom Herd nehmen und zugedeckt mindestens 1 Stunde auskühlen lassen.

- In einer Pfanne Butterschmalz erhitzen und den ausgekühlten festen Brei unter ständigem Zerstoßen gut anrösten.

- Für das Apfelmus die Äpfel schälen, vom Kerngehäuse befreien und grob würfeln. 50 ml Wasser mit Zucker erhitzen, die Äpfel dazugeben und weich kochen. Pürieren und Zitronensaft einmischen.

- Mit dem Riebel servieren.

INFO:* *Rheintaler Riebel wird seit über 300 Jahren im gesamten Rheintal angebaut. Sowohl in Österreich als auch in der Schweiz trägt diese Maissorte eine geschützte geografische Herkunftsbezeichnung. Ersetzen kann man Riebelgrieß durch groben Maisgrieß – polenta bramata.

BÖHMISCHE DALKEN

ZUTATEN FÜR 4 PORTIONEN

- 300 ml Milch
- 10 g Germ (Hefe)
- 30 g Zucker
- 2 Eier, zimmerwarm
- 300 g Mehl

- Salz
- Butterschmalz
- Puderzucker
- Powidl (ohne Zucker dick eingekochtes Zwetschgenmus)

ZUBEREITUNG (60 MINUTEN)

- Die Milch leicht erwärmen, Germ und Zucker darin auflösen. Mit Eiern, Mehl und einer Prise Salz zu einem dickflüßigen Teig vermischen. Für 30 Minuten an einen warmen Ort zum Aufgehen stellen.

- Die Mulden der Dalkenpfanne mit zerlassenem Butterschmalz bestreichen, den Teig einfüllen und auf beiden Seiten braun backen.

- Mit Puderzucker bestreuen und mit Powidl servieren.

***INFO:** Dalken sind eine typische Mehlspeise der böhmischen Küche, die in Österreich (vor allem in Wien) und teilweise in Bayern sehr beliebt war. Traditionell werden Dalken mit Germteig zubereitet, als Variante entwickelte sich ein Palatschinkenteig, allerdings in vielen Rezepten mit Obers (Schlagsahne) statt Milch. Oft werden Dalken in Österreich und Süddeutschland als Liwanzen bezeichnet.*

Vierwaldstättersee,
die Aussicht von
Luzern

SCHWEIZ

Die Schweizer Küche verbindet Einflüsse aus der deutschen, französischen, norditalienischen und seltener österreichischen Küche. Sie ist jedoch regional sehr unterschiedlich, viele Gerichte haben allerdings vor langer Zeit die Kantonsgrenzen überschritten und sind in der ganzen Schweiz beliebt. Und wie in jedem Alpenland werden viele typische Speisen, auch Nachspeisen, in der Pfanne zubereitet.

SPEZIALITÄTEN

Wenn man an die Schweizer Küche und ihre Pfannengerichte denkt, fallen einem sofort Rösti und Zürcher Geschnetzeltes ein. Das Wort Rösti kennt man überall und man spricht es mittlerweile echt schweizerisch aus – *Röschti*. Die klassische Bärner Röschti (Berner Rösti) bereitet man ausschließlich mit Kartoffeln, Salz, Butter und Milch zu. Dazu hat man früher Milchkaffee serviert – jeder nahm sich mit einem Löffel ein Stück von der Rösti und tauchte sie in den Kaffee.

Heutzutage ist die Rösti eher eine Beilage als eine eigenständige Speise. Sie wird beispielsweise zu dem bereits genannten Zürcher Geschnetzelten serviert. Rösti gibt es jedoch in allen möglichen Variationen, die meisten bleiben ihrer alpenländischen Herkunft treu – Speck und Käse dürfen einfach nicht fehlen, genau wie in diesem Buch (s. S. 126). Die Schweizer Küche hat sich mit der Zeit auch von einer einfach geprägten zu einer Küche mit köstlichen regionalen Delikatessen entwickelt, man denke nur an Schweizer Käse und Schokolade.

DEUTSCHSCHWEIZ

Die Küche der deutschsprachigen Regionen der Schweiz ist der süddeutschen und österreichischen Küche sehr ähnlich. Man kocht auch hier mit Fleisch, Kartoffeln und Käse, allerdings sind in der Schweiz aus diesen Zutaten ganz andere Gerichte hervorgegangen. Die bereits genannte Rösti ist in keinem der Alpenländer so weit verbreitet. Jede Teilregion der deutschsprachigen Schweiz hat auch ihre eigene Fleischspezialität – aus Bern stammt die währschafte – ordentliche – Berner Platte (ein Gericht mit verschiedenen Fleisch- und Wurstsorten), aus St. Gallen die OLMA-Bratwurst (die als die Grill- und Bratwurst der Nation gilt), aus der Zentralschweiz der *Stunggis* (Schweinefleisch-Gemüse-Eintopf). Auf einer Reise durch die Schweiz trifft man diese und andere Speisenbezeichnungen, bei denen man oft nicht weiß, was alles enthalten sein kann. Zum Beispiel wird in Basel gerne *Schunggebegräbnis* (in der Pfanne gebackene Nudeln mit Schinken; s. S. 116) gekocht – das könnte leicht ein Schweizer Nationalgericht sein, wenn nicht die Kartoffeln in diesem Gericht fehlen würden. Alles andere – Milch, Käse und Nudeln – ist darin enthalten.

ITALIENISCHE SCHWEIZ

Weniger schwer und reichhaltig ist die Tessiner Küche. Sie spiegelt die piemontesische und lombardische Küche wider. *Ossobuco* (ein Schmorgericht), Safranrisotto (allerdings mit Luganighe-Würsten), glasierte Maronen und vieles mehr wird hier bevorzugt gekocht. Die norditalienische Küche hat auch im romanischen Graubünden ihre Einflüsse hinterlassen – auch hier isst man gerne Pizzoccheri mit Gemüse (Buchweizennudeln, eine Spezialität des lombardischen Veltlin).

Im Tessin genießt man den morgigen Espresso, zu Mittag wird gerne ein Glas Wein getrunken und am Abend nach der Arbeit trifft man sich im Freundeskreis – bevorzugt in einem *grotto* (typisches Tessiner Hausrestaurant). Aus dem Tessin kommt die Polenta, ein Maisbrei, der dort mit Käse gemischt und als Hauptgericht oder als Beilage (typischerweise z. B. zu geschnetzeltem Kaninchenfleisch) serviert wird. Maroni (Esskastanien) werden in der ganzen Schweiz im Winterhalbjahr geröstet, im Tessin gibt es dazu zahlreiche Kastanienspezialitäten wie Brote, Teigwaren und Brotaufstriche.

Käse spielt im Tessin eine ebenso wichtige Rolle wie in der übrigen Schweiz. In jedem Kanton stellt man eine andere Käsesorte her, ist aber Meister darin: Appenzeller im Appenzell und Emmentaler im Emmental, wie die Namen schon sagen. Saanen im Berner Land, Tête de Moine im Jura, Brie in der Genfer Region, Sbrinz in Uri, Raclette im Wallis und im sonnigen Tessin die Frischkäse Robiola (wie im Piemont) und Zircarlin.

An Käsesorten gibt es natürlich viel mehr als aufgezählt, nämlich über 400. Die bekanntesten Käsegerichte in der Schweiz und auch außerhalb sind Fondue und Raclette. Zwar isst man sie auch in der benachbarten französischen Franche-Comté und in Rhône-Alpes und auch im italienischen Valle d'Aosta und in Piemonte (mit Trüffeln zubereitet), aber in der kulinarischen Welt werden sie als Schweizer Nationalgerichte angesehen. Das Fondue schmeckt umso schmackhafter, je besser der Käse ist. Auch Wein spielt für den Geschmack eine große Rolle, man sollte auf jeden Fall einen qualitativ hochwertigen Wein nehmen. Beim Fondue lässt sich noch streiten, aus welchem Kanton in der Schweiz es stammt, beim Raclette herrscht Gewissheit – es kommt aus dem Wallis.

Im Wallis wird ohne Raclette nicht gefeiert und wenn es das Wetter erlaubt, wird es im Freien zubereitet und genossen. Zum Raclette serviert man traditionsgemäß *Gschwellti* (kleine gekochte Kartoffeln), Brot und guten Weißwein. Heute gibt es auch beim Raclette verschiedenste Variationen.

FRANZÖSISCHE SCHWEIZ

Der französische Teil der Schweiz liefert dieser Küche die elegantesten Gerichte. Nichtsdestoweniger sind in der ganzen Romandie auch *saucissons*, Rohwürste aus Schweinefleisch zum Selberkochen, sehr beliebt. Am Bielersee werden zudem im Schnapsbrennkessel gegarte Saucissons als sogenannte Treberwürste angeboten.

Aus der Gegend um den Genfer See, den Neuenburgersee und den Bielersee stammen viele Fischgerichte – man kocht mit Seeforellen, Hechten, Felchen und Flussbarschen. Flussbarsche, in ganz Europa verbreitet, werden in der Schweiz *Egli* (s. S. 124) genannt. In der Bielerseegegend und weiter nach Süden bereitet man sie gerne in einem sehr dünnen und leichten Weinteig zu.

Auch in der restlichen Schweiz isst man in Seenähe gerne Fisch. *Schwale*, so heißen Rotaugen im Kanton Zürich, bereitet man hier aber nicht so delikat, sondern mit Speck (s. S. 120). Felchen sind eher im Bier- als im Weinteig anzutreffen. Am Bodensee ist kurzes Braten mit Salbei, Sahne oder mit gerösteten Mandelblättern genauso wie am deutschen und österreichischen Ufer sehr verbreitet.

In einem der unzähligen Schweizer Käsekeller

Walnussernte für die Engadiner Nusstorte

Frische Karotten auf dem Markt in St. Gallen

Zwei der drei Burgen in Bellinzona

Ausblick vom
Monte San Salvatore
nahe Lugano

ÄPFEL MIT KARTOFFELN UND SPECK

SCHNITZ UND DRUNDER

ZUTATEN FÜR 4 PORTIONEN

1 Zwiebel
2 Knoblauchzehen
500 g Kartoffeln
500 g Speck
4 Äpfel (ca. 500 g)

Butter
Salz

ZUBEREITUNG (50 MINUTEN)

- Zwiebel und Knoblauch klein würfeln. Die Kartoffeln und den Speck in beliebig große Würfel schneiden, die ungeschälten Äpfel vierteln und dann noch halbieren.

- In einer tiefen Pfanne Butter erhitzen, Zwiebel und Knoblauch darin anbraten. Danach Kartoffeln, Speck und Apfelstücke hinzufügen. Mit ca. 250–300 ml Wasser übergießen und salzen.

- Gut durchrühren und mindestens 30 Minuten kochen, bis alles sämig ist. Heiß servieren.

INFO:* *Schnitz und drunder ist ein uriges Kartoffelgericht aus dem Aargau. Dort wird es mit gedörrten Äpfeln und Birnenspalten gekocht. Ähnliche Gerichte gibt es auch im Kanton Luzern und im Kanton Uri. Im Oberaargau wird Schnitz und drunder ohne Zugabe von gedörrtem Obst, sondern mit frischen Äpfeln zubereitet.

HÖRNCHEN MIT SCHINKEN

SCHUNGGEBEGRÄBNIS

ZUTATEN FÜR 4 PORTIONEN

- 200 g Hörnchen
- 1 Zwiebel
- 150 g Schinken
- 4 Eier
- 150 ml Schlagsahne
- 100 ml Milch
- 70 g Käse, gerieben
- 1 EL Schnittlauch, gehackt

- Butter
- Salz, Pfeffer

ZUBEREITUNG (30 MINUTEN)

▪ Die Hörnchen kochen, die Zwiebel und den Schinken klein würfeln. Butter in der Pfanne erhitzen, die Zwiebeln, den Schinken und die Hörnchen vermischen und hineingeben.

▪ Die Eier verquirlen, mit Sahne, Milch, Käse und Schnittlauch mischen. Salzen und pfeffern.

▪ Die Eimischung über die Nudeln gießen, zu einem Kuchen pressen und zudecken.

▪ Bei kleiner Hitze braten, bis eine Kruste entsteht. Auf einen Teller geben und sofort servieren.

***INFO:** In der Umgebung von Basel wird man oft vergeblich in den Lokalen nach Basler Spezialitäten suchen. Allerdings existiert eine Basler Küche, die eine Mischung aus badischen, französischen und Schweizer Gerichten darstellt. Typische Gerichte gibt es nicht wirklich viele, zu nennen sind aber auf jeden Fall Basler Mehlsuppe, Lummelbraten (Rinderfilet) und Schunggebegräbnis. Zu diesem deftigen herbstlichen Gericht passt ein grüner Salat sehr gut.*

KALBSRÖLLCHEN NACH TESSINER ART

UCCELLI SCAPPATI

ZUTATEN FÜR 4 PORTIONEN

- 4 Kalbsschnitzel
- 45 g Weißbrot
- 20 g Steinpilze, getrocknet
- 75 g Speck
- 50 g Zwiebeln
- 7 Thymianzweige
- 150 g Tomaten
- 100 ml passierte Tomaten

- Olivenöl
- Salz, Pfeffer
- Butter
- Rotwein

- 500 g Kartoffeln
- 400 g Karotten
- 100 g Butter
- Salz

ZUBEREITUNG (60 MINUTEN)

▪ Die Kalbsschnitzel leicht durch Frischhaltefolie anklopfen. Das Weißbrot in Würfel schneiden und mit warmem Wasser übergießen, kurz ziehen lassen.

▪ Die Steinpilze mit heißem Wasser übergießen, den Speck klein würfeln und die Zwiebeln fein hacken. In einer Pfanne Olivenöl erhitzen, Zwiebeln und Speck anbraten. Die Steinpilze ausdrücken und klein schneiden, die Hälfte in die Pfanne geben und mit den Blättern von zwei Thymianzweigen würzen. Ein paar Minuten dünsten und danach mit dem ausgedrückten und passierten Brot mischen. Salzen und pfeffern.

▪ Die Kalbsschnitzel auflegen, die Pilzfüllung darauf verteilen, einrollen und mit Küchengarn binden. In Butter anbraten und mit Rotwein ablöschen.

▪ Die restlichen Pilze, die in Würfel geschnittenen Tomaten und die restlichen Thymianzweige dazugeben. Ein bisschen Wasser hinzufügen und ca. 15 Minuten zugedeckt dünsten. Die passierten Tomaten einrühren und weitere 10 Minuten garen. Wenn notwendig mehr Wasser dazugeben. Salzen und pfeffern.

▪ Die Kartoffeln und die Karotten kochen und heiß pürieren. Schnell die Butter einarbeiten und salzen. Mit den Kalbsröllchen heiß servieren.

SCHWALEN-FILETS MIT SPECK

SCHWALE THURGAUER ART

ZUTATEN FÜR 4 PORTIONEN

4 Schwalenfilets
Salz, Pfeffer
Mehl
Olivenöl

1 kg Kartoffeln
Butter
Petersilie, gehackt

SAUCE

75 g Speck
1 Tomate
250 g Champignons
1 Zwiebel
50 ml passierte Tomaten
1 EL Petersilie, gehackt

Olivenöl
Weißwein
Salz, Pfeffer

ZUBEREITUNG (30 MINUTEN)

▪ Die Fischfilets auf beiden Seiten salzen und pfeffern, in Mehl wenden und in Öl goldbraun braten. Warm halten, bis die Sauce fertig ist.

▪ Für die Sauce den Speck, die Tomate und die Champignons klein würfen, die Zwiebel fein hacken. In der gleichen Pfanne Olivenöl erhitzen, Zwiebeln und Speck anbraten. Tomaten und Champignons hinzufügen und 2–3 Minuten dünsten. Mit Weißwein ablöschen, ca. 50 ml Wasser und die passierten Tomaten dazugeben, salzen und pfeffern und weitere 5 Minuten köcheln lassen. Den Fisch zurück in die Pfanne geben und erwärmen, mit Petersilie bestreuen.

▪ Die Kartoffeln kochen und vierteln. In Butter anbraten, mit gehackter Petersilie bestreuen und zum Fisch servieren.

VERBRÜHTE KUGELN

VERBRÜHETI CHUGELE

ZUTATEN FÜR 4 PORTIONEN

- 350 ml Milch
- 50 g Zucker
- 60 g Butter
- 200 g Mehl
- 4 Eier
- 1 TL Zimt
- 5 EL Zucker

- Salz
- Butterschmalz

VANILLESAUCE

- 250 ml Milch
- ½ Vanillestange
- 75 g Zucker
- 2 Eigelb
- 1 Ei
- Salz

ZUBEREITUNG (60 MINUTEN)

▪ Die Milch mit Zucker, Butter und einer Prise Salz in einen Topf geben und aufkochen. Das Mehl auf einmal dazugeben und so lange umrühren, bis der Teig glatt ist und sich vom Topfboden löst. In eine Schüssel geben und leicht abkühlen lassen. Ein Ei nach dem anderen zugeben und unter den Teig rühren.

▪ Butterschmalz in einer tiefen Pfanne erhitzen. Mit einem oder zwei Esslöffeln kleine Kugeln aus dem Teig ausstehen und in die Pfanne geben. Bei mittlerer Hitze nicht zu schnell ausbacken, sonst fallen die Kugeln zusammen.

▪ Auf einem Küchenpapier abtropfen lassen und mit der Zimt-Zucker-Mischung bestreuen.

▪ Für die Vanillesauce die Milch mit einer aufgeschnittenen Vanilleschote, 25 g Zucker und einer Prise Salz aufkochen. Den restlichen Zucker mit den Eigelben und dem Ei schlagen, bis eine Creme ohne zu viel Schaum entsteht.

▪ Die Vanilleschote herausnehmen und die Milch einige Minuten abkühlen lassen. Danach unter Rühren zur Eimischung geben. In den Topf zurückfüllen und bei mittlerer Hitze rühren, bis die Sauce eindickt. Nicht aufkochen, sonst gerinnen die Eier.

▪ Die Vanillesauce zu den verbrühten Kugeln servieren.

BARSCHFILETS IN WEINTEIG

EGLIFILET IM WII

ZUTATEN FÜR 4 PORTIONEN

4 Barschfilets
100 g Mehl
100 ml Weißwein
1 TL Öl
1 Ei
1 Eiweiß

Zitronensaft
Salz, Pfeffer
Öl zum Backen

ZUBEREITUNG (30 MINUTEN)

- Die Fischfilets mit Zitronensaft beträufeln und auf beiden Seiten salzen und pfeffern.
- Das Mehl in eine Schüssel geben. Weißwein mit Öl und Ei mischen und zum Mehl geben. Das Eiweiß mit einer Prise Salz aufschlagen und unter den Teig heben.
- Die Fischfilets durch den Teig ziehen und in heißem Öl schwimmend backen.
- Mit frischem Salat servieren.

***INFO:** Egli nennt man in der Schweiz den Flussbarsch, am Bodensee ist diese Fischart aber auch als Kretzer bekannt. Das Barschfleisch ist sehr zart und mager und es harmoniert mit Wein besonders gut. Deswegen wird es oft in Weinsauce geschmort oder in Weinteig gebraten. In der Bielersee-Region rühren manche Hausfrauen auch ein wenig Hefe in den Teig ein, damit es noch luftiger schmeckt.*

RÖSTI MIT SPECK UND KÄSE

RÖSCHTI MIT SPECK UND CHÄS

ZUTATEN FÜR 4 PORTIONEN

1 kg Kartoffeln
50 g Käse
100 g Speck

Butter
Salz

ZUBEREITUNG (50 MINUTEN + VORBEREITUNGEN AM VORTAG)

- Die Kartoffeln am Vortag kochen, am nächsten Tag schälen und grob reiben. Den Käse fein reiben und den Speck in kleine Würfel schneiden.

- Butter in einer Pfanne erhitzen, die Speckwürfel darin anbraten, dann abkühlen lassen und mit den Kartoffeln sehr vorsichtig vermischen. Salzen und auch den geriebenen Käse unterrühren.

- Die Kartoffelmischung in die Pfanne geben, zu einem Kuchen pressen und zudecken. 30 Minuten auf kleiner Hitze braten, danach wenden, noch ein paar Minuten braten und sofort servieren.

***INFO:** Wie überall in Europa sind Kartoffeln auch in der Schweiz gleich nach ihrer Einführung nicht gut angekommen. Sie galten lange Zeit als eine giftige Pflanze, erst nach etwa 100 Jahren kam man in den Genuss des aus Kartoffeln zubereiteten Fladens, der in Butter geröstet wird.*
Heute kennt man Kartoffelrösti mit Speck, Zwiebeln, Käse und sogar Hörnli (Hörnchen), außerdem gibt es süße Apfel- und Birnenrösti.

KÄSE-BEIGNETS

MALAKOFFS

ZUTATEN FÜR 4 PORTIONEN

300 g Le Gruyère (Greyerzer Käse)
2 EL Mehl

TEIG

2 Eier
4 EL Weißwein
100 ml Wasser
150 g Mehl

Salz
Öl zum Frittieren
evtl. gehackte Haselnüsse

ZUBEREITUNG (20 MINUTEN)

- Den Käse in fingerdicke, 6–8 cm lange Stücke schneiden und in Mehl wenden.

- Für den Teig die Eier, Wein und Wasser verrühren und mit Mehl und einer Prise Salz mischen, bis ein glatter Teig entsteht.

- Öl in einer tiefen Pfanne erhitzen. Die Käsestücke durch den Teig ziehen und in heißem Öl von allen Seiten anbraten.

- Als Variante kann man die Käsestücke zuerst durch den Teig ziehen, dann in den gehackten Nüssen wenden und danach frittieren.

***INFO:** Malakoffs verdanken ihren russischen Namen den waadtländischen Soldaten, die bei der Eroberung des Fort Malakoff auf der Krim eingesetzt wurden und das Rezept mit nach Hause nahmen. Über das echte Rezept gibt es bis jetzt keine Einigheit. Im Waadtland werden sie oft mit croutes de vinzel (auch beignets de vinzel genannt) verwechselt.*

BOSKA

APFEL-SPÄTZLE

ÖPFELSCHPÄTZLI

ZUTATEN FÜR 4 PORTIONEN

- 400 g Mehl
- 50 g Zucker
- 1 EL Zitronenschale, gerieben
- 2 Eier
- 250 ml Apfelsaft
- 2 Äpfel (je ca. 200 g)
- 70 g Butter
- 4 EL Paniermehl
- 1 EL Zimt
- 4 EL Zucker
- Salz

ZUBEREITUNG (45 MINUTEN)

■ Das Mehl mit Zucker, Zitronenschale und einer Prise Salz in eine Schüssel geben. Die Eier mit dem Apfelsaft verrühren und zum Mehl geben. Die Äpfel schälen, entkernen und sehr fein reiben. In die Schüssel geben und zu einem glatten Teig mischen.

■ Den Teig mit Hilfe eines Spätzlehobels ins kochende Salzwasser drücken. Sobald die Spätzle an die Oberfläche kommen, aus dem Wasser nehmen.

■ In einer Pfanne Butter schmelzen lassen und Paniermehl, Zimt und Zucker zugeben und leicht anrösten. Die Spätzle in die Pfanne geben, kurz anbraten und sofort servieren.

***INFO:** Wie in jedem anderen Alpenland existieren auch in der Schweizer Küche unzählige Spätzlerezepte. Sie werden hier abhängig von der Form Schpätzli oder Chnöpfli (wie Knöpfle in Süddeutschland und in Österreich) genannt. Spätzle sind eine sehr gut passende Beilage zu Wild- oder Fleischspeisen, auch in süßer Variante als Nachtisch schmecken sie hervorragend.*

WILD-GESCHNETZELTES MIT PFIFFERLINGEN

WILDGESCHNETZELTES MIT SCHWÖMM

ZUTATEN FÜR 4 PORTIONEN

900 g Rehfleisch ohne Knochen
100 g Schalotten
4 EL Butter
250 g kleine Pfifferlinge
2 EL Mehl
100 ml Schlagsahne
2 EL Petersilie, klein gehackt

Weißwein
Salz, Pfeffer

ZUBEREITUNG (35 MINUTEN)

- Das Rehfleisch in dünne Streifen schneiden, die Schalotten klein hacken. In einer Pfanne 2 EL Butter erhitzen und die Schalotten darin glasig dünsten. Die Fleischstücke dazugeben und von allen Seiten gut anbraten. Das Fleisch samt den Schalotten aus der Pfanne nehmen und beiseitestellen.

- Die restliche Butter in der Pfanne schmelzen und die Pfifferlinge darin kurz dünsten. Mit Weißwein ablöschen und mit Mehl bestäuben. Das Fleisch mit der Schalottensauce zurück in die Pfanne geben, ca. 50 ml Wasser hinzufügen und einkochen lassen.

- Mit Sahne übergießen und mit gehackter Petersilie, Salz und Pfeffer würzen. Noch einige Minuten braten lassen.

- Mit breiten gekochten Nudeln (Bandnudeln) als Beilage servieren.

Die Burg Bled
über dem Bleder See

SLOWENIEN

Die slowenische Küche bietet eine Vielzahl an erlesenen Genüssen. In 24 kulinarischen Regionen des Landes verbinden sich einerseits traditionelle, zum Teil vergessene Spezialitäten und andererseits moderne Gerichte miteinander, die von den Spitzenköchen auf Basis der typischen slowenischen Küche entwickelt wurden. Die Fische stammen aus den slowenischen Flüssen und aus dem Meer, Obst und Gemüse kommt aus den heimischen Gärten und es gibt Pilze, Wildspargel und Beeren aus dem Wald sowie Fleisch von den Bauernhöfen. Auch Honig und Getreidearten wie Polenta, Gerste und Buchweizen sind wichtige Bestandteile der international wenig bekannten slowenischen Küche. Zum einen spielte die geringe Größe des Landes eine Rolle, zum anderen die Geschichte des Landes. Es war einmal ein Teil Jugoslawiens und viele tendieren bis heute dazu, die jugoslawische Küche mit der slowenischen gleichzusetzen.

GRENZGEBIETE

In den Grenzgebieten Sloweniens, aber nicht nur dort, sind italienische und österreichische Einflüsse feststellbar. *Leteči žganci* – frittierte Hähnchenkeulen – ähneln dem Wiener Backhendl in ihrer Zubereitungsart, obwohl in der kulinarischen Geschichte keine Verbindung zwischen diesen beiden Gerichten feststellbar ist. Gulasch aller Art, das mit Polenta oder *štruklji* (einer Art Strudel) serviert wird, Sterz – meistens aus Buchweizen- oder Maismehl und seltener als Gerstensterz zubereitet – und auch *ričet* (der Eintopf wird in Kärnten und der Steiermark Ritschert genannt) zeigen die Ähnlichkeiten zur österreichischen Alpenküche. Vieles aus der friulanischen Küche ist auch in Slowenien sehr beliebt. Ein Beispiel sind *blecs*, eine Art Nudeln, die beliebig geschnitten werden (meistens in Rechtecke oder Dreiecke): Man nennt sie in Slowenien *bleki*. Oder auch *hubanca*, die der friulanischen *gubana* (eine Art Reindling aus Valli del Natisone) sehr ähnlich ist.

Die Küche Istriens kann im engeren Sinne nicht als Alpenküche betrachtet werden. Wer allerdings in Slowenien andere Regionen besucht, wird merken, wie wichtig die Lebensmittel der Küstengebiete für die slowenische Küche sind. Überall in Slowenien verwendet man beim Kochen das Olivenöl aus dem slowenischen Istrien, egal ob eine Bäuerin oder ein Sternekoch. Salz aus Piran ist das zweite Beispiel, welches zugleich ein Zeichen für Qualität und Regionalität geworden ist. In Ljubljana, in Bled oder im Karst findet man Meersalz aus Piran. Die elegante istrische Fischküche, die Einflüsse aus

Italien und Kroatien angenommen hat, verwandelte sich in den nördlichen Regionen zu den sättigenden Gerichten mit Fleisch. Wie zum Beispiel istrische *Fuži* – gerollte Pasta, die in diesem Buch als Beilage zu einem Wildragout vorgeschlagen wird (s. S. 144).

SPEZIALITÄTEN

Überall in Slowenien kocht man gerne mit Getreide. Hier wird kein Risotto zubereitet, sondern *orzotto* (die Zubereitungsart ist dem Risotto sehr ähnlich, das Gericht enthält aber Gerste statt Reis). Genauso beliebt wie im Friaul und im gesamten norditalienischen Raum ist Polenta – als Brei oder auch gegrillt oder gebraten. In vielen Regionen kommt gelbe Polenta am häufigsten zum Einsatz, in Goriška Brda wird hingegen weiße Polenta bevorzugt.

Im Gegensatz zu den anderen Alpenregionen spielt Buchweizen in der regionalen Küche eine große Rolle. Wenn Honig gegessen wird, dann muss es Buchweizenhonig sein. Wenn ein Brei gekocht wird, dann oft mit Buchweizen unter Zugabe von Gemüse oder Pilzen. Die bekannte Soča-Forelle wird in Buchweizenmehl – nicht in Weizenmehl – gewendet und auf beiden Seiten in Öl oder Fett gebraten. Auch Buchweizensterz ist häufiger auf den Menükarten zu sehen als Mais- oder Kartoffelsterz. Heidensterz (andere Bezeichnung für Buchweizensterz, s. S. 148) serviert man oft mit Milch (meistens in Berghütten), mit Grieben oder mit einem Omelett.

Omeletts sind übrigens ein unverzichtbarer Teil der slowenischen Küche. In Istrien und im Karst macht man *frtalja* (italienisch: *frittata*) mit Wildspargel. Gerade im Karst, wo der Boden trocken und nicht besonders für den Gemüseanbau geeignet ist, wächst dünner und leicht bitterer Wildspargel. Die heimischen Bäuerinnen sammeln ihn in den Wäldern und bereiten sofort eine köstliche Frtalja mit Spargel (oder nach Saison mit den vorhandenen Kräutern) und einigen Stücken Speck zu – *panceta* (aus dem Karst natürlich, und meistens hausgemacht). In Istrien, wo das Klima milder und angenehmer ist, ist der Wildspargel dicker und süßer, aber immer noch dünner als normaler Grünspargel. Hier werden die Omeletts nicht nur mit Spargel, sondern auch nach Saison mit verschiedenen Wildkräutern zubereitet.

Eine interessante Variation des süßen Omeletts ist das *pohorska omleta* (s. S. 142). Der Teig ähnelt einem Biskuitteig und wird mit Preiselbeerkonfitüre und Schlagsahne serviert – eine wahre Besonderheit der Alpenküche. Süße Pfannengerichte sind in Slowenien ansonsten allerdings selten, da man das Backen von Süßspeisen bevorzugt. In jedem Gebiet gibt es ein besonderes Dessert, für dessen Zubereitung man auch oft viel Zeit benötigt. Eine *potice* – eine festliche Speise aus verschiedenen Mehlsorten und einer Vielzahl an Füllungen (von süß bis salzig) – ist für Zentralslowenien typisch. Die *gibanica* – eine Art Blätterteigkuchen, den es ebenfalls sowohl in süßer als auch in salziger Variante gibt – ist im ganzen Land bekannt. Sonst gibt es Strudel, Buchweizenkuchen, Krapfen und vieles mehr.

In der Pfanne werden natürlich Kartoffeln und diverse Würstchen gebraten: von der weltweit bekannten *kranjska klobasa* (Krainer Wurst) bis zu den *preksmurske klobase* (verschiedene traditionelle Fleischprodukte, wie Buchweizen- oder Hirsewürste und Presswürste). In Verbindung mit *pražen krompir* (Bratkartoffeln) sind sie ein unbeschreibbarer Genuss (s. S. 138).

Man soll die slowenische Küche nicht unterschätzen und bereit sein, auf der Slowenienreise viele auch unbekannte neue Gerichte zu verkosten. Abhängig davon, wo man in Slowenien hinfährt, trifft man eine andere regionale Küche mit viel Getreide, Fleisch, aber auch Fisch. Auf solchen Reisen durch dieses wunderbare Land lernt man nicht nur traditionelle Speisen, sondern auch interessante Menschen kennen, die althergebrachte Rezepturen weitergeben und typische Lebensmittel mit viel Mühe am Leben erhalten.

Als Urlauber zu Gast bei Sandra Pelikon in ihrer *Turistična kmetija* (Bauernhof)

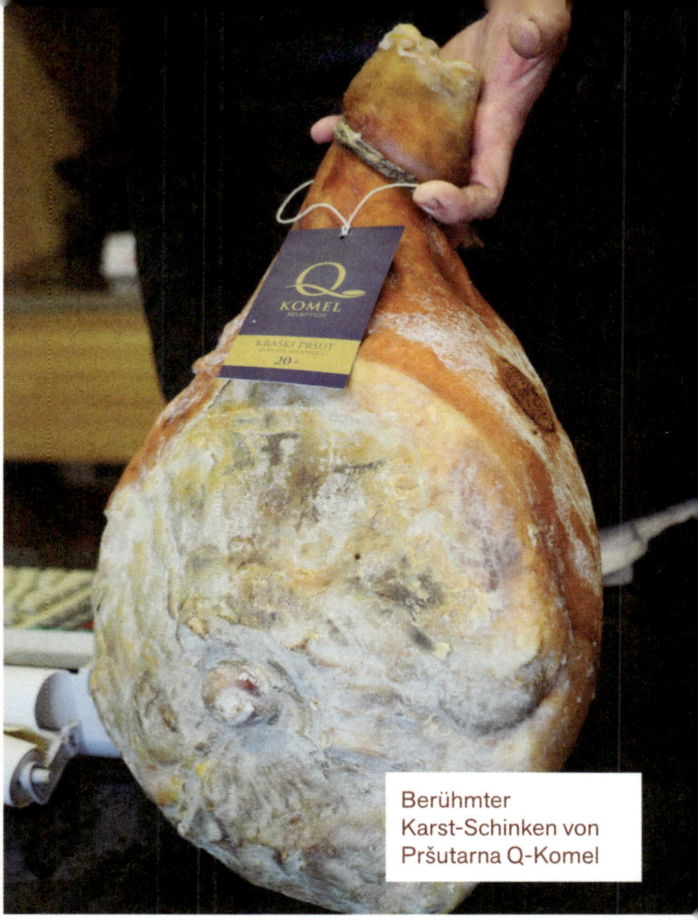

Berühmter Karst-Schinken von Pršutarna Q-Komel

Stadt Stanjel im Westen Sloweniens

Im Hintergrund erhebt sich die einzige echte Insel Sloweniens.

WURST MIT BRATKARTOFFELN

PRAŽEN KROMPIR S KLOBASO

ZUTATEN FÜR 4 PORTIONEN

- 1 kg Kartoffeln
- 1 Zwiebel
- 50 ml Gemüsebrühe
- 1 EL Petersilie, gehackt
- 4–6 Krainer Würste oder sonstige Würste

- Butter
- Salz, Pfeffer

ZUBEREITUNG (30 MINUTEN)

▪ Die ganzen, ungeschälten Kartoffeln in Salzwasser kochen. Noch heiß schälen und in dünne Scheiben schneiden. Die Zwiebel in Halbringe schneiden.

▪ In einer Pfanne Butter erhitzen, die Zwiebeln goldbraun anrösten und mit der Brühe übergießen. Aufkochen, die Kartoffeln dazugeben, mit Salz und Pfeffer abschmecken und gut vermischen. Einige Minuten kochen und immer wieder umrühren. Zuletzt mit Petersilie bestreuen.

▪ Die Würste grillen oder in einer Pfanne braten und mit den Kartoffeln servieren.

***INFO:** Die Krainer Wurst trägt in Slowenien eine geschützte Herkunftsbezeichnung und hat eine jahrhundertelange Tradition. Es wird behauptet, dass das älteste Rezept dieser Wurst aus dem 19. Jahrhundert stammt. Die Bratkartoffeln als Beilage (pražen krompir) sind in Slowenien wahrscheinlich genauso wie diese Wurst am meisten verbreitet.*
Seit 2002 gibt es in Ljubljana einen Verein zur Anerkennung der gebratenen Kartoffeln als Hauptgericht.

FRITTIERTE AUBERGINEN

OCVRT JAJČEVEC

ZUTATEN FÜR 4 PORTIONEN

- 1 Aubergine, ca. 300 g
- 2 Eier
- 30 g Mehl
- 50 g Paniermehl
- 1 EL Parmesan, gerieben

- Salz
- Öl

- 125 g saure Sahne
- Salz
- Zitronensaft

ZUBEREITUNG (50 MINUTEN)

▪ Die Aubergine waschen und in 0,5 cm dicke Scheiben schneiden. Salzen und 30 Minuten ruhen lassen, damit das Wasser austreten kann.

▪ Die Eier in eine Schüssel geben und verquirlen. Mehl und Paniermehl auf zwei Teller verteilen. Den geriebenen Parmesan zum Paniermehl geben.

▪ Öl in einer Pfanne erhitzen. Die Auberginenscheiben zuerst in Mehl wälzen, dann durch die Eier ziehen und schießlich in der Paniermehl-Käse-Mischung wenden. In Öl auf beiden Seiten braten.

▪ Die saure Sahne mit Salz und Zitronensaft abschmecken und zu den frittierten Auberginen servieren.

***TIPP:** Frittierte Auberginen sind eine gute Vorspeise (mit Sauce oder mit grünem Salat), können aber auch als Beilage zu Fleisch- oder Fischgerichten serviert werden.*

POHORJE-OMELETT

POHORSKA OMLETA

ZUTATEN FÜR EINE PFANNE (Ø 20 CM)

- 50 g Mehl
- 2 Eigelb
- 15 ml Milch
- 1 TL Vanillezucker
- 1 TL Zitronenschale, gerieben
- 2 Eiweiß
- 30 g Zucker

- Salz
- Butter
- Preiselbeerkonfitüre
- Puderzucker
- Schlagsahne

ZUBEREITUNG (35 MINUTEN)

▪ Das Mehl in eine Schüssel geben und mit Eigelb, Milch, Vanillezucker und Zitronenschale zu einem glatten Teig rühren. Die Eiweiß mit einer Prise Salz und Zucker steif schlagen und unter den Teig heben.

▪ Eine ofenfeste Pfanne mit Butter bestreichen, den Teig hineingeben und bei 200 °C ca. 15 Minuten (bis das Omelett eine goldbraune Farbe bekommt) im Ofen backen. Aus dem Ofen herausnehmen, mit Preiselbeerkonfitüre bestreichen und zusammenklappen. Mit Puderzucker bestreuen und sofort mit der Schlagsahne servieren.

***INFO:** Es ist eines der wenigen süßen Omeletts in der Alpenregion, das so bekannt ist. Dieses aus Biskuitteig gemachte Omelett aus der Pohorje-Region entstand aber erst nach dem Zweiten Weltkrieg.*

FUŽI MIT HASENRAGOUT

FUŽI Z ZAJČJIM RAGUJEM

ZUTATEN FÜR 4 PORTIONEN

FUŽI

- 500 g Mehl
- 2 Eier
- 100 ml Wasser
- Salz

RAGOUT

- 500 g Hasenfleisch
- 1 Zwiebel
- 1 Karotte
- 50 g Staudensellerie
- 2 EL Tomatenmark
- 75 ml Rotwein
- 5 Wacholderbeeren
- 2 Thymianzweige
- 1 Lorbeerblatt
- 250 ml Wildfleischfond

- Olivenöl
- Salz, Pfeffer

ZUBEREITUNG (2–3 STUNDEN)

▪ Für die Fuži das Mehl auf die Arbeitsfläche sieben, eine Mulde formen und die Eier hineinschlagen. Salzen und mit einer Gabel verquirlen, dabei immer wieder Mehl vom Rand einmischen. Nach und nach Wasser zugeben und kneten, bis ein geschmeidiger, glatter Teig entsteht.

▪ Zugedeckt 30 Minuten ruhen lassen, danach dünn ausrollen und in 3–4 cm große Quadrate schneiden. Mittels eines dünnen Holzstabes die Teigquadrate zu Hülsen formen und die Ränder gut zusammendrücken.

▪ Für das Ragout das Fleisch in kleine Würfel schneiden. Die Zwiebel fein hacken, die Karotte und den Sellerie sehr klein würfeln. Etwas Olivenöl in der Pfanne erhitzen, das Gemüse darin andünsten. Die Fleischwürfel dazugeben und gut von allen Seiten anbraten.

▪ Das Tomatenmark zugeben und anrösten. Mit Rotwein ablöschen und einkochen lassen. Mit Wacholderbeeren, Thymian, Lorbeer, Salz und Pfeffer würzen. Mit Wildfond aufgießen und garen, bis das Fleisch weich ist und die Flüssigkeit sich auf die Hälfte reduziert hat.

▪ Die Nudeln al dente kochen. In das Ragout geben (wenn die Sauce zu dickflüssig ist, ein wenig Kochwasser dazugeben), aufkochen und sofort servieren.

FORELLEN IN BUCHWEIZEN-MEHL

POSTRVI V AJDOVI MOKI

ZUTATEN FÜR 4 PORTIONEN

4 Forellen, küchenfertig
250 g Buchweizenmehl
4 Thymianzweige

Salz, Pfeffer
Zitronensaft
Milch
Butter

500 g Fenchel
500 g Kartoffeln
2 EL Olivenöl
Salz

ZUBEREITUNG (30 MINUTEN)

- Die Forellen waschen, innen und außen salzen und pfeffern und mit Zitronensaft beträufeln.

- Zuerst in Milch eintauchen und dann in Buchweizenmehl wälzen. In der Pfanne Butter mit Thymianzweigen erhitzen und die Forellen darin von beiden Seiten anbraten.

- Den Fenchel putzen und den Strunk entfernen. Die Knollen in Stücke schneiden, weich dämpfen und pürieren. Die Kartoffeln schälen und kochen, noch heiß durch die Kartoffelpresse drücken und mit dem Fenchel vermischen. Olivenöl dazugeben und mit Salz abschmecken.

- Als Beilage zu den Forellen servieren.

***TIPP:** Alternativ kann man statt Buchweizenmehl Maismehl nehmen.*

***INFO:** Für dieses Gericht wird traditionell eine Marmorata-Forelle (Soča-Forelle) aus dem slowenischen Tal Soča verwendet.*

BUCHWEIZEN-STERZ

AJDOVI ŽGANCI

ZUTATEN FÜR 4 PORTIONEN

250 g Buchweizenmehl
4 Eier

Butter
Salz, Pfeffer

ZUBEREITUNG (45 MINUTEN)

- In einem schmalen Topf ca. 750 ml Salzwasser aufkochen. Das Buchweizenmehl auf einmal dazugeben, aber nicht rühren. Mit Hilfe eines Löffelgriffs ein Loch in den Mehlklumpen machen und diesen bei kleiner Hitze zugedeckt ca. 20 Minuten leicht köcheln lassen. Nicht rühren!

- Das überschüssige Wasser abgießen. Mit Hilfe von zwei Gabeln den Klumpen zerteilen. Etwas Butter in der Pfanne erhitzen und den Buchweizensterz darin leicht anbraten.

- Die Eier aufschlagen, mit Salz und Pfeffer würzen. In 4 Portionen teilen und jede in der Pfanne zu einem dünnen Omelett herausbacken. Žganci auf Teller verteilen und mit den Omeletts bedecken.

***INFO:** In Gorenjska serviert man zu Buchweizensterz eine sogenannte jurjeva kapa (ein Omelett aus Eiern, Mehl und Wasser). Alternativ kann statt Buchweizensterz Maissterz oder Gerstensterz gekocht werden.*

SLOWENISCHE STRAUBEN

KVAŠENI FLANCATI

ZUTATEN
FÜR CA. 20 STÜCK

- 25 g Butter
- 125 ml Milch
- 2 EL Zucker
- 15 g Hefe
- 250 g Mehl
- 1 Eigelb
- 1 EL saure Sahne

- Salz
- Mehl zum Ausrollen
- Butterschmalz
- Puderzucker

ZUBEREITUNG
(1 STUNDE 45 MINUTEN)

▪ Die Butter mit Milch, Zucker und einer Prise Salz erwärmen und die Hefe darin auflösen. Mit wenig Mehl zu einem Brei rühren, mit Mehl bestäuben und an einem warmen Ort zugedeckt 15 Minuten gehen lassen.

▪ Das restliche Mehl, das Eigelb und die saure Sahne zum Vorteig geben und zu einem glatten Teig rühren. Zudecken und weitere 30 Minuten gehen lassen.

▪ Den Teig auf einer bemehlten Fläche kneten, falls er zu klebrig ist, noch ein wenig Mehl dazugeben. Den Teig 0,5 cm dick ausrollen und Rechtecke (5 x 7 cm groß) ausschneiden. In der Mitte zweimal längst einschneiden, mit Mehl bestäuben und zugedeckt noch einmal 10–15 Minuten ruhen lassen.

▪ In einer tiefen Pfanne Butterschmalz erhitzen und die Teigstücke darin auf beiden Seiten goldbraun ausbacken. Auf Küchenpapier abtropfen lassen und mit Puderzucker bestreuen.

ZIGEUNER-SCHNITZEL

CIGANSKI ZREZKI

ZUTATEN FÜR 4 PORTIONEN

- 4 Schweinsschnitzel
- 2 Schalotten
- 1 gelber Paprika
- 1 roter Paprika
- 50 g Speck
- 1 TL Paprikapulver
- 150 ml Gemüsefond
- 250 ml passierte Tomaten
- 1 Lorbeerblatt
- 2 EL saure Sahne
- 1 EL Petersilie, gehackt

- Salz, Pfeffer
- Butter

- 1 kg Kartoffeln
- Öl zum Frittieren
- Salz

ZUBEREITUNG (50 MINUTEN)

▪ Die Schweinsschnitzel leicht klopfen und mit Salz und Pfeffer würzen. In Butter auf beiden Seiten anbraten und warm stellen.

▪ Die Schalotten fein hacken, die Paprika und den Speck klein würfeln. In derselben Pfanne zuerst den Speck mit den Schalotten anbraten, danach die Paprikawürfel hinzufügen. Einige Minuten dünsten, dann mit Paprikapulver bestreuen und mit Gemüsefond aufgießen. Passierte Tomaten einrühren, das Lorbeerblatt hineinlegen und 10 Minuten bei mittlerer Hitze schmoren, bis das Gemüse weich ist.

▪ Mit saurer Sahne, Petersilie, Salz und Pfeffer abschmecken. Die Schnitzel zurück in die Pfanne legen und mit der Sauce bedecken.

▪ Für die Beilage die Kartoffeln schälen und in Streifen schneiden. In einer Frittierpfanne Öl erhitzen und die Pommes frites unter ständigem Wenden herausbacken, bis sie goldbraun sind. Auf Küchenpapier abtropfen lassen und salzen. Als Beilage zum Schnitzel servieren.

HECHT MIT BOHNEN

ŠČUKA S FIŽOLOM

ZUTATEN FÜR 4 PORTIONEN

- 300 g Bohnen, z. B. Wachtelbohnen
- 2 Lorbeerblätter
- 2 Zweige Rosmarin
- 2 Zweige Thymian

- 4 Hechtfilets
- 4 Schalotten
- 2 Knoblauchzehen
- 2 EL Petersilie, gehackt

- Salz, Pfeffer
- Olivenöl
- Weißwein

ZUBEREITUNG (45 MINUTEN + VORBEREITUNGEN AM VORTAG)

▪ Die Bohnen über Nacht in kaltem Wasser einweichen. Am nächsten Tag gut durchspülen, in einen Topf mit Wasser, Lorbeerblättern, Rosmarin- und Thymianzweigen geben und weich kochen.

▪ Die Hechtfilets halbieren, auf beiden Seiten salzen und pfeffern. Olivenöl in der Pfanne erhitzen, den Fisch darin anbraten und warm stellen.

▪ Schalotten und Knoblauch fein hacken. In derselben Pfanne noch ein wenig Olivenöl erhitzen und die Schalotten mit dem Knoblauch glasig dünsten, mit Weißwein ablöschen. Die gekochten Bohnen dazugeben und mit Petersilie bestreuen, mit 200–250 ml Wasser übergießen und ca. 10 Minuten köcheln lassen. Mit Salz und Pfeffer abschmecken. Mit den bereits vorbereiteten Fischfilets servieren.

BUCHWEIZEN MIT PILZEN

AJDOVA KAŠA Z GOBAMI

ZUTATEN FÜR 4 PORTIONEN

350 g Buchweizen, ganz
1 Zwiebel
100 g Porree
400 g Pilze, gemischt
4–5 Thymianzweige
2 EL Petersilie, gehackt
4 EL saure Sahne

Butter
Gemüsebrühe
Salz, Pfeffer

ZUBEREITUNG (30 MINUTEN)

- Den Buchweizen in einem Topf trocken anbraten und mit 600 ml sehr heißem Kochwasser aufgießen. Zugedeckt stehen lassen, bis der Buchweizen das ganze Wasser aufgenommen hat, ab und zu umrühren.

- Die Zwiebel und den Porree fein hacken, große Pilze beliebig schneiden. In einer Pfanne Butter erhitzen und beide Zwiebelsorten darin andünsten. Die Pilze dazugeben und braten, bis das Wasser von den Pilzen verdampft ist. Wenn notwendig, noch ein wenig Gemüsebrühe dazugeben, damit das Gemüse nicht anbrennt.

- Den Buchweizen untermischen, mit Thymianblättern, Petersilie und saurer Sahne abschmecken. Salzen und pfeffern.

TIPP:* *Anstatt gemischte Pilze zu nehmen, kann man dieses Gericht nur mit Steinpilzen oder nur mit Pfifferlingen zubereiten.

PFANNENKUNDE

Pfanne ist nicht gleich Pfanne.

Kennen Sie das, wenn der Fisch in der Pfanne kleben bleibt, die Palatschinke anklebt oder das Steak einfach nicht gelingen will? Ganz schön ärgerlich. Dabei kann braten so einfach sein. Mit der richtigen Pfanne ist es ganz leicht, perfekte Ergebnisse zu erzielen. Denn genauso wenig wie Fisch gleich Fleisch ist, ist Pfanne gleich Pfanne.

Mit zwei Pfannen sind Sie auf der sicheren Seite – eine Pfanne zum krossen Braten und eine Pfanne zum schonenden Braten und für alles, was zum Anhaften neigt. Wenn Sie Speisen schnell und kross anbraten wollen, zum Beispiel Fleisch oder Geflügel, sollten Sie eine Pfanne verwenden, die hoch erhitzt werden kann. Pfannen aus Edelstahl können sehr hoch erhitzt werden, ohne sich zu verziehen. Sie sind absolut bodenstabil und verteilen die Wärme gleichmäßig. Leichtes, schonendes Braten, zum Beispiel von Eierspeisen, Bratkartoffeln, Paniertem oder Fisch, gelingt am besten in einer antihaftversiegelten Pfanne. Durch die spezielle Beschichtung wird das Anhaften von Speisen verhindert. Spezialpfannen ergänzen die Grundausstattung: Zum Beispiel eine tiefe Pfanne für Wok-Gerichte, eine Pfanne für Palatschinken & Co., eine gerillte Pfanne für schonendes, fettarmes Braten mit Grilleffekt oder eine Pfanne mit zwei Griffen für stilvolles Servieren.

Wokpfanne

Beschichtete Pfannen eignen sich besonders für schonendes Braten

Für **schonendes Braten** von Speisen, die nicht anhaften sollen, benötigen Sie eine beschichtete Pfanne, zum Beispiel die Fissler protect steelux premium, wenig Fett und die richtige Brattechnik:

1. Pfanne mit wenig Fett ausreiben (3–4 Tropfen auf ein Küchenkrepp geben)
2. Auf mittlerer Temperatur aufheizen (2/3 Herdleistung), erhitzen Sie die Pfanne niemals auf voller Stufe.
3. Evtl. etwas mehr Fett in die Pfanne geben. (Dies ist der Geschmacksträger für das Bratgut).
4. Zutaten in die Pfanne geben und von allen Seiten braten. Um eine noch längere Lebensdauer zu gewähren, benutzen Sie möglichst nur Küchenhelfer aus Kunststoff oder Holz und vermeiden Sie die Verwendung von Messern und scharfkantigen oder metallischen Gegenständen in der Pfanne. Reinigen Sie die Pfanne nicht mit kratzenden oder scheuernden Putzmitteln. Für die Reinigung nach dem Braten einfach die Pfanne unter fließend heißem Wasser abwaschen.

Edelstahlpfannen sollten für das scharfe Anbraten verwendet werden.

Für **scharfes Anbraten** von Speisen, die schön kross werden sollen, wie zum Beispiel Steaks, benötigen Sie eine Pfanne, die stark erhitzt werden kann – also eine Edelstahlpfanne, hocherhitzbares Fett, wie Kokosfett oder Erdnussöl, und die richtige Brattechnik:

1. Pfanne ohne Fett auf mittlerer Stufe (2/3 Herdleistung) erhitzen.
2. Ca. 3–4 Minuten warten.
3. Machen Sie den Wassertropfentest, um die richtige Temperatur zu ermitteln: Spritzen Sie mit den Fingern etwas kaltes Wasser in die Pfanne. Wenn die Wassertropfen glasklar perlend in der Pfanne wandern, hat sie die richtige Temperatur. Wenn nicht, zurück zu Punkt 2.
4. Wasser vorsichtig mit Küchenkrepp aus der heißen Pfanne wischen.
5. Bei Bedarf etwas Fett in die Pfanne geben. Man kann in diesem Schritt das Fett auch ganz weglassen.
6. Ungesalzenes Fleisch oder Geflügel hineinlegen.
7. Auf dem Edelstahl klebt jetzt alles fest? – Keine Panik aufkommen lassen und warten. Nach ca. 2–3 Minuten löst sich das Fleisch vom Boden, ohne anzubrennen. Garantiert! Dies können Sie kontrollieren, indem Sie vorsichtig und ohne Gewalt den Rand hochheben.
8. Wenden Sie Ihr Bratgut und fangen Sie bei Punkt 6 wieder an. Jetzt kann auch gesalzen werden.
9. Wenn Sie das Fleisch nicht medium gebraten möchten, lassen Sie es noch etwas in der Pfanne. Das Fleisch ist nun außen knusprig und innen saftig.

KRITERIEN FÜR DEN KAUF VON PFANNEN:

Der Pfannen-Körper und der Boden

Die meisten im Handel angebotenen Pfannen bestehen aus Leichtmetall, Edelstahl oder auch Gusseisen. Aluminium hat den Vorteil, dass es die Hitze gut leitet und daher schnell heiß ist. Der Nachteil ist, dass die Wärme dann nicht so lange anhält. Edelstahl-Pfannen brauchen für das Aufheizen zwar etwas länger, speichern die Wärme dann aber länger. Gusseisen-Pfannen sind sehr robust, halten die Wärme sehr gut und sorgen für einen besonderen Brat-Geschmack durch die sogenannte „Patina". Der Nachteil von Gusseisen liegt im hohen Gewicht.

Eine besonders große Rolle spielt der Pfannenboden. Der Pfannenboden muss nach dem Erhitzen auf dem Kochfeld immer plan aufliegen – das spart Energie und Zeit beim Kochen. Optimal sind Pfannenböden aus Edelstahl mit Aluminiumkern. Dicke Böden mit Aluminiumkern sorgen für eine optimale Wärmeaufnahme, -verteilung und Wärmespeicherung.

DIE VERSIEGELUNG:

Bei Antihaft-versiegelten Pfannen ist natürlich die Langlebigkeit der Beschichtung ein wichtiges Kriterium. Auch bei hochwertigen Pfannen können in der klassischen Antihaft-Beschichtung Kratzer entstehen – diese beeinflussen jedoch nicht den Antihaft-Effekt! Auf keinen Fall sollte aber die Beschichtung „abblättern" und das Metall darunter freiliegen. Die Versiegelung von hochwertigen Fissler-Pfannen wird in mehreren dünnen Schichten auf das aufgeraute Metall aufgetragen und kann daher nicht „abblättern". Eine gute Versiegelung schützt nicht nur das Bratgut vor dem Ankleben, sie ist auch besonders leicht zu reinigen.

DIE „EXTRAS"

Praktische Extras wie Schüttrand, Messskala, Griffe mit Hitzeschutz und einsteckbare Deckel machen das Braten zum Vergnügen!

ÜBER DIE AUTORIN

Anna Husar ist eine wahre Alpenkücheliebhaberin und beschäftigt sich seit mehreren Jahren mit der Weiterentwicklung traditioneller Spezialitäten aus der Alpenregion.

Sie wurde 1990 in Russland geboren und hat vor zehn Jahren ihr Zuhause in Wien gefunden. Begeistert von der österreichischen Küche, hat sie angefangen, kulinarische Erlebnisse auf ihrem russischsprachigen Blog zu teilen. Gemeinsam mit ihrem Mann reiste sich durch die ganze Alpenregion und erweiterte den Blog dementsprechend auf die gesamte Alpenküche.

In Russland sind bereits einige Bücher aus der Serie „Traditionen der Alpenküche" erschienen, außerdem arbeitet sie gemeinsam mit ihrem Mann Antonio als Food-Stylistin und Fotografin für kulinarische Magazine und im Werbebereich.

Auf ihrer Webseite www.alpenkoch.com werden regelmäßig kulinarische Entdeckungen geteilt. Dort veröffentlicht sie Rezepte, führt ein Rating der Lokale, die der regionalen Küche treu bleiben und informiert über eigene Kochveranstaltungen und Genussreisen, auf denen die Alpenküche live erlebt werden kann.